APRENDER JAPONÉS
Hiragana y Katakana

GUÍA DE ESTUDIO Y CUADERNO DE ACTIVIDADES

POLYSCHOLAR

www.polyscholar.com

© Copyright 2020 George Tanaka - Todos los Derechos Reservados.

Nota legal: Este libro está protegido por los derechos de autor. Este libro es solo para uso personal. El contenido incluido dentro de este libro no debe ser reproducido, duplicado, o transmitido sin el permiso directo escrito por el autor o la editorial. Usted no puede modificar, distribuir, vender, usar, mencionar o parafrasear cualquier parte del contenido de este libro sin el consentimiento del autor o de la editorial.

© **Copyright 2020 George Tanaka - Todos los Derechos Reservados.**

Nota legal: Este libro está protegido por los derechos de autor. Este libro es solo para uso personal. El contenido incluido dentro de este libro no debe ser reproducido, duplicado, o transmitido sin el permiso directo escrito por el autor o la editorial. Usted no puede modificar, distribuir, vender, usar, mencionar o parafrasear cualquier parte del contenido de este libro sin el consentimiento del autor o de la editorial.

CONTENIDOS

PART 1 Introducción 4
          Cómo Usar Este Libro 4
          Información General 5
          Consejos para Escribir 7

PART 2 Tablas de Hiragana y Reglas Básicas 9

PART 3 Aprende a Escribir Hiragana 14

PART 4 Tablas de Katakana y Reglas Básicas 61

PART 5 Aprende a Escribir Katakana 66

PART 6 Genkouyoushi 113

PART 7 Tarjetas de Memoria 146

Consejo: este libro funciona mejor con bolígrafos de gel, lápices e instrumentos similares. Ten cuidado con los subrayadores y la tinta, ya que los materiales densos o húmedos pueden atravesar el papel o transferirse a las siguientes páginas. Aquí tienes algunas casillas de prueba en las que puedes comprobar si tus bolígrafos son adecuados:

Introducción

APRENDER JAPONÉS

¡Los primeros pasos para aprender a leer, escribir y hablar japonés son aprender Hiragana y Katakana! Si empiezas mirando tablas de caracteres, te empezará a parecer una tarea muy complicada – pero este libro ha sido diseñado para hacer que sea más fácil y rápido de entender.

Empezaremos repasando información general básica para ofrecerte una mejor comprensión sobre cómo funciona el sistema lingüístico completo. ¡Luego, después de echar un breve vistazo a los diferentes 'alfabetos' *(¡sí, hay más de uno!)* pasaremos directamente a aprender los Kana!

CÓMO USAR ESTE LIBRO

Como al aprender cualquier idioma, la repetición es una de las maneras más rápidas de adquirir conocimientos. Este cuaderno de actividades contiene páginas de instrucciones diseñadas detalladamente para enseñarte a escribir cada carácter, además de espacio para practicar tus nuevos conocimientos sobre la caligrafía japonesa:

HIRAGANA

KATAKANA

TARJETAS DE MEMORIA

En la parte final de este libro encontrarás casillas adicionales que podrás usar después de aprender a escribir algunos de *(o incluso todos)* los Kana – estas páginas con cuadrículas se denominan tradicionalmente en japonés *Genkouyoushi*, que significa *'papel manuscrito'*.

La parte final de este libro contiene páginas con un conjunto de tarjetas que se pueden fotocopiar o cortar. Estas tarjetas son una buena forma de ayudarte a memorizar los símbolos y poner a prueba tus conocimientos. *¡Los estudiantes más jóvenes deben buscar a un adulto que les ayude a cortarlas!*

GUIONES JAPONESES

Información General

Cuando estudias japonés, te encuentras con cuatro tipos de escritura muy diferentes *(o alfabetos)*. Aunque esto puede sonar complicado al principio, debería empezar a tener mucho más sentido en algún momento – ¡especialmente cuando entiendas uno de ellos!

RŌMAJI ロマンジ

Significa literalmente 'letras romanas'. Este alfabeto usa las conocidas letras del alfabeto español para representar la lengua japonesa. Solo se usan para escribir las palabras de una forma que puedan entender las personas que no hablan japonés. No es muy común en el uso diario.

Los otros tres tipos de escritura, **Hiragana, Katakana, y Kanji** son las que más se usan y normalmente se combinan entre sí para crear palabras y frases en la escritura japonesa cotidiana. Cada alfabeto tiene su propia finalidad y juntos nos indican el significado de las palabras, su procedencia y cómo deben pronunciarse.

HIRAGANA ひらがな

あいうえおかきくけこ

Este es el primer alfabeto que deberíamos aprender. Consiste en caracteres sencillos trazados con formas redondas. A diferencia del alfabeto español, el Hiragana es un **sistema de escritura fonético**, y cada carácter representa el sonido de una sílaba. Cada vez que veas un carácter en concreto, sabrás cómo suena.

KATAKANA カタカナ

アイウエオカキクケコ

Este alfabeto también es fonético. El katakana **representa los mismos sonidos silábicos que el Hiragana**, pero se usa para los préstamos lingüísticos (palabras que se toman prestadas de otros idiomas), como los nombres extranjeros, las nuevas tecnologías, o nombres de comidas, por ejemplo. Su apariencia es más angulosa, no presenta formas redondas.

KANJI 漢字

Se traduce literalmente como *'letras chinas'*. Los **Kanji** son caracteres que han sido tomados prestados del chino. A diferencia de los otros alfabetos que representan sonidos, los símbolos del alfabeto Kanji muestran bloques de significado, como palabras completas, o una idea general sobre algo.

年 本 月 生 米 前 合 事 社 京

Hay literalmente *miles* de Kanji, y se siguen creando algunos nuevos, así que son un completo desafío incluso para los lingüistas más expertos. Se crean de una manera más o menos lógica, así que *eventualmente* puedes entender o adivinar el significado de los símbolos que nunca habías visto antes.

SILABARIOS KANA

Hiragana y Katakana *(más conocidos como Kana)* tienen cada uno de ellos 46 caracteres básicos que, a diferencia de las letras del alfabeto español, representan un sonido diferente *(en vez de una letra)*. Prácticamente, todos estos sonidos se basan en solo 5 'sonidos vocálicos' a los que les añadimos un sonido de consonante delante para hacer sonidos nuevos. *¡Te prometo que será más fácil de lo que parece!*

Hiragana	あ	い	う	え	お
Katakana	ア	イ	ウ	エ	オ
Romaji	a	i	u	e	o
Pronunciación	'ah'	'ee'	'oo'	'eh'	'oh'

Los cinco sonidos vocálicos

Este libro te enseñará a escribir todos los caracteres básicos de los alfabetos Hiragana y Katakana, y también te mostrará cómo se crean los sonidos nuevos combinando los símbolos básicos. Cuando llegues al final del libro, podrás escribir los caracteres que componen la mayoría de los sonidos necesarios para el japonés.

Las siguientes páginas contienen mucha información, pero no dejes que esto te estrese. Además de las tablas con todos los símbolos de Kana básicos que vas a aprender, desglosaremos algunas reglas básicas para combinar estos símbolos – ¡después de esto llegará el momento de ponerse manos a la obra!

Consejos para escribir

DIRECCIÓN DE ESCRITURA

Los textos japoneses a veces se disponen en columnas verticales que se escriben y se leen de arriba hacia abajo, columna a columna, empezando por el lado derecho de la hoja. Desde que terminó la Segunda Guerra Mundial, se usa la orientación horizontal que nos resulta más familiar – aquella que se lee de izquierda a derecha, justo como en la lengua española. Esto se aplica a todos los alfabetos del japonés.

El texto de los siguientes ejemplos es idéntico, solo cambia la dirección de lectura y escritura:

Tategaki
縦書き
('escritura vertical')

私は犬を飼っています。
彼女は行儀が良い。
彼らは寝るのが好きです。
多くの場合、一日中。
多分彼女は怠け者です。

Yokogaki
横書き
('escritura horizontal')

私は犬を飼っています。
彼女は行儀が良い。
彼らは寝るのが好きです。
多くの場合、一日中。
多分彼女は怠け者です。

Se aceptan ambos estilos y a veces se elige uno u otro dependiendo del diseño y formato del documento. En general, el diseño vertical se usa en textos tradicionales, mientras que el diseño horizontal se encuentra en escritos más modernos o en documentos oficiales. Hay que recordar que los libros con el estilo de escritura *tategaki* (vertical) se producen en la dirección contraria a los libros que podemos encontrar en español, ¡por lo tanto, el principio del libro se sitúa en la cubierta trasera!

PRONUNCIACIÓN

Cuando aprendes los alfabetos Kana, empiezas a aprender también a pronunciar correctamente el japonés, ya que dichos sistemas de escritura cubren la mayoría de los sonidos necesarios en todo el idioma. Es importante practicar en las primeras etapas del aprendizaje si quieres desarrollar un acento que suene natural y nativo.

Nota: Este libro de actividades incluye una introducción muy básica a la pronunciación japonesa, debido a que este aspecto se enseña con más efectividad con la ayuda de un audio. Para describir los sonidos, en cada una de las páginas de práctica se usa una palabra o sílaba que suena parecida en español – una buena práctica es repetirlas en alto a medida que avanzas con el libro.

Consejos para scribir

TRAZOS Y LÍNEAS

Los alfabetos japoneses originalmente se escribían con una brocha y tinta. En la actualidad se usan bolígrafos modernos, pero es importante que aprendamos a escribir con los movimientos y **trazos tradicionales**. Vamos a usar el carácter del alfabeto Hiragana け *(o 'ke')* como ejemplo, ya que contiene los tres tipos de trazos que vas a usar – para que resulte más sencillo describir cómo se escriben los caracteres en el próximo tema, le hemos puesto nombres que reflejan cómo se trazan y cuál es su apariencia:

Jump Fade
(Salto Vertical / Horizontal)

Stop Stroke
(Sin Rastro)

Fade Stroke
(Movimiento Suave)

El trazo **'jump fade'** se realiza con un movimiento rápido del bolígrafo al final del trazo. Se suele hacer un giro hacia arriba y hacia la derecha o izquierda en los trazos verticales *(salto vertical)* y hacia arriba o abajo en los trazos horizontales *(salto horizontal)*. El trazo **'stop stroke'** (que significa literalmente 'detener el trazo') hace exactamente lo que dice su nombre, lleva la línea a un final definitivo antes de levantar el bolígrafo sin dejar ningún tipo de rastro, como en el caso anterior, ni desvanecer la línea, como en el caso del trazo que vamos a ver ahora. Un trazo **'fade stroke'** *(cuyo significado literal es 'trazo desvanecido')* se hace levantando suavemente el lápiz del papel mientras se mueve la mano. Se puede observar cómo la línea se vuelve más fina y se desvanece al final como si se estuviera levantando del papel poco a poco la punta gruesa de la brocha con tinta.

ESTILOS DE ESCRITURA

Este libro te enseñará a escribir Hiragana con los movimientos tradicionales basados en el aspecto resultante de escribir los caracteres con brocha y tinta, pero te encontrarás con otros estilos de caracteres, como puedes observar a continuación:

Todos estos caracteres tienen el mismo significado, pero se ven un poco diferente simplemente porque están hechos a mano, con bolígrafos o lápices, o con una fuente digital moderna en una pantalla *(o impresa)*. Aunque su apariencia cambie un poco, el significado sigue siendo el mismo.

Parte 2

TABLAS DE HIRAGANA Y REGLAS BÁSICAS

Tabla de Hiragana

Esta tabla muestra los 46 caracteres básicos del alfabeto Hiragana con su correspondiente escritura en Romaji para representar el sonido fonético más similar. Los sonidos vocálicos aparecen en la parte superior de la tabla y sus versiones correspondientes con los sonidos de consonantes se muestran debajo. ***Ten en cuenta que 'n' es una excepción - *wo también es un kana poco común.*

Sonidos Vocálicos

	a	i	u	e	o
	あ a	い i	う u	え e	お o
k	か ka	き ki	く ku	け ke	こ ko
s	さ sa	し shi	す su	せ se	そ so
t	た ta	ち chi	つ tsu	て te	と to
n	な na	に ni	ぬ nu	ね ne	の no
h	は ha	ひ hi	ふ fu	へ he	ほ ho
m	ま ma	み mi	む mu	め me	も mo
y	や ya		ゆ yu		よ yo
r	ら ra	り ri	る ru	れ re	ろ ro
w	わ wa		ん **n		を *wo

Consonantes

DIACRÍTICOS

Modificadores

Además de los símbolos *básicos del Hiragana*, hay **25 diacríticos**. Se usan en sílabas con sonidos parecidos que se pronuncian diferente. Son básicamente los mismos símbolos básicos, pero con marcas adicionales que indican que deberían ser pronunciados con un sonido ligeramente alterado:

は ha ▸ ば ba ぱ pa

Básico   *con Dakuten*   *con Handakuten*

Los símbolos básicos del Hiragana que aparecen con estos trazos pequeños *(Dakuten)* o con un círculo *(Handakuten)* sobre ellos indican que la consonante que forma parte de la sílaba tiene que pronunciarse diferente:

- La **K** se pronuncia como una **G**
- La **S** cambia a **Z** *(excepto し)*
- La **T** se convierte en **D**
- La **H** se pronuncia como una **B** cuando aparece junto a *Dakuten*, y como una **P** cuando aparece junto a *Handakuten*

	a	i	u	e	o
k ▸ g	が ga	ぎ gi	ぐ gu	げ ge	ご go
s ▸ z	ざ za	じ ji	ず zu	ぜ ze	ぞ zo
t ▸ d	だ da	ぢ dzi (ji)	づ dzu	で de	ど do
h ▸ b	ば ba	び bi	ぶ bu	べ be	ぼ bo
h ▸ p	ぱ pa	ぴ pi	ぷ pu	ぺ pe	ぽ po

DÍGRAFOS

Este conjunto de sonidos recibe el nombre de **dígrafos** – se usan dos caracteres básicos que ya hemos visto. Los dígrafos aparecen donde dos sonidos silábicos se han combinado para crear uno nuevo:

き + や = きゃ
(ki) (ya) (kya)

Cuando escribimos estas letras, es de vital importancia que el segundo símbolo se vea más pequeño que el primero. Así es como podemos darnos cuenta de que los dos sonidos se combinan.

La pronunciación de estos sonidos, también conocidos como sonidos compuestos del alfabeto Hiragana, es muy sencilla – por ejemplo, き (ki) + や (ya) se convierte en きゃ (kya) y se pronuncia 'kiya' sin el sonido 'i'.

¡No dejes que las tablas que se muestran a continuación te asusten – todos los dígrafos se forman *exclusivamente* con caracteres de la columna い/i *(excepto esta misma)* y solo se modifican con caracteres de la fila de Y!

きゃ	きゅ	きょ		ぎゃ	ぎゅ	ぎょ
kya	kyu	kyo		gya	gyu	gyo
しゃ	しゅ	しょ		じゃ	じゅ	じょ
sha	shu	sho		ja	ju	jo
ちゃ	ちゅ	ちょ		にゃ	にゅ	にょ
cha	chu	cho		nya	nyu	nyo
ひゃ	ひゅ	ひょ		びゃ	びゅ	びょ
hya	hyu	hyo		bya	byu	byo
ぴゃ	ぴゅ	ぴょ		りゃ	りゅ	りょ
pya	pyu	pyo		rya	ryu	ryo
みゃ	みゅ	みょ				
mya	myu	myo				

Modificadores

CONSONANTES DOBLES

También tenemos que tener en cuenta que algunas palabras japonesas contienen un *sonido de doble consonante*. Cuando escribimos estas palabras, añadimos un símbolo adicional en forma de un pequeño つ/tsu *(llamado sokuon)* para indicar que se tiene que pronunciar diferente. Veamos un ejemplo:

Sin el pequeño つ *(tsu)*, la palabra いぷん *(ipun)* no tiene ningún significado, pero いっぷん *(ippun)*, con el *sokuon*, significa '(un) minuto'.

Ten en cuenta que el pequeño つ se coloca **delante** del carácter del que toma el sonido de consonante doble. Cuando veas palabras con este modificador, la consonante que forma parte del símbolo que le sigue *(en este ejemplo, la 'p' de 'pu')* se añade al final del sonido que le precede.

Ambas consonantes tienen que escucharse por separado cuando se pronuncia la palabra, como si dijéramos **'ip-pun'**, pero sin dejar un espacio audible.

SONIDOS DE VOCALES LARGAS

Al igual que hay sonidos de consonantes dobles, tenemos que tener en cuenta que también hay sonidos vocálicos largos *(por ejemplo: aa, ii, oo, ee, y uu)*. Cuando hablamos, simplemente alargamos la duración del sonido (normalmente el doble), pero al escribir estas palabras, el sonido de la vocal larga se indica con un carácter adicional *(llamado chouon)*. Este carácter normalmente varía dependiendo de la vocal:

Vocal	Extensor
a	あ
i / e	い
u / o	う

¡Aquí tienes un ejemplo en el que puedes observar cómo cambia el significado de la palabra al añadir (o eliminar) el sonido vocálico largo!

La lengua japonesa está llena de excepciones, pero tienden a aprender con la experiencia. Simplemente es útil tener en cuenta las dobles consonantes y vocales largas por ahora, para que lo puedas entender cuando veas una.

Parte 3

APRENDE A ESCRIBIR HIRAGANA

あ　あ　a

HABLA Se pronuncia como la 'a' de 'abuelo'.

APRENDE Este kana se dibuja con tres trazos: stop stroke, stop stroke, fade stroke.

El primer trazo es una línea horizontal con una ligera inclinación. El segundo corta al primero en dos verticalmente, creando una curva hacia fuera a medida que deslizas el lápiz hacia abajo. El tercer trazo empieza en el centro y forma una curva hacia abajo y a la izquierda, antes de volver a subir y doblar a la derecha. Atraviesa su punto de inicio y vuelve a bajar. Intenta girar suavemente tu lápiz al final de este tercer trazo.

ESCRIBE En primer lugar, traza el carácter en las casillas que aparecen a continuación.

PRACTICA Ahora practica dibujando este carácter en estas casillas más pequeñas.

い い i

HABLA — Se pronuncia como la 'i' de 'invierno'.

APRENDE — Este kana se dibuja con dos trazos: jump fade, stop stroke.

El primer trazo es una línea curva ligeramente diagonal que gira bruscamente hacia arriba al final, terminando con un movimiento gentil del lápiz. Este tipo de final de trazo que se realiza girando el lápiz de golpe se llama hane. Cuando escribimos un hane es como si conectáramos este trazo con el siguiente. El segundo trazo empieza casi donde termina el anterior – dibuja una línea curva en el sentido contrario al del primer trazo, más corta, sin el hane.

ESCRIBE — En primer lugar, traza el carácter en las casillas que aparecen a continuación.

PRACTICA — Ahora practica dibujando este carácter en estas casillas más pequeñas.

16

う う u

HABLA Se pronuncia como la 'u' de 'uno'.

APRENDE Este kana se dibuja con dos trazos: jump fade, stop stroke.

Dibuja la línea corta e inclinada en la zona superior central, y después gira suavemente tu lápiz hacia la otra dirección: a la izquierda y hacia abajo. Ten en cuenta el segundo trazo cuando gires el lápiz en el primero, ya que el segundo empieza casi donde termina el primero, en la misma dirección. La forma de oreja de la segunda línea crea una curva hacia la derecha y luego hacia el centro y abajo. Gira suavemente tu lápiz al terminar este trazo también. El primer trazo no debe ser muy grande, o parecerá que el carácter está desequilibrado.

ESCRIBE En primer lugar, traza el carácter en las casillas que aparecen a continuación.

PRACTICA Ahora practica dibujando este carácter en estas casillas más pequeñas.

え え **e**

| HABLA | Se pronuncia como la 'e' de 'elefante'. |

| APRENDE | Este kana se dibuja con dos trazos: jump fade, stop stroke. |

Empezamos igual que con el hiragana anterior, う, con una línea corta e inclinada en la zona superior central. Para realizar el segundo trazo, imagina que estás escribiendo el número 7 y luego desliza el lápiz un poco hacia arriba antes de dibujar una pequeña ola. Extiende este trazo, pero no gires rápido el lápiz como en trazos anteriores.

ESCRIBE — En primer lugar, traza el carácter en las casillas que aparecen a continuación.

PRACTICA — Ahora practica dibujando este carácter en estas casillas más pequeñas.

o

HABLA	Se pronuncia como la 'o' de 'oreja'.

APRENDE	Este kana se dibuja con tres trazos: stop stroke, fade stroke, stop stroke.

Empieza con una línea horizontal corta, igual que con el hiragana あ, pero un poco más baja e inclinada hacia la izquierda. El segundo trazo atraviesa al primero con una línea vertical que gira de golpe hacia la izquierda. Luego cambia la dirección de nuevo para crear una curva larga antes de girar suavemente tu lápiz al final. El tercer trazo es pequeño y está situado arriba a la derecha del primer trazo.

ESCRIBE — En primer lugar, traza el carácter en las casillas que aparecen a continuación.

PRACTICA — Ahora practica dibujando este carácter en estas casillas más pequeñas.

か か **ka**

HABLA — Se pronuncia como la sílaba 'ca' de 'casa'.

APRENDE — Este kana se dibuja con tres trazos: jump fade, stop stroke, stop stroke.

Empieza con una línea horizontal antes de girar verticalmente hacia abajo y doblarse hacia la izquierda en el final del trazo – termina con un hane. El segundo trazo se desliza diagonalmente desde la parte superior central hasta la parte inferior izquierda, atravesando al primero aproximadamente en la mitad de la línea horizontal. El último trazo es una curva inclinada hacia la derecha. Es importante que esta línea sea más grande que los trazos pequeños de los kana anteriores para asegurarnos de que no se lea como un modificador.

ESCRIBE — En primer lugar, traza el carácter en las casillas que aparecen a continuación.

PRACTICA — Ahora practica dibujando este carácter en estas casillas más pequeñas.

き き **ki**

HABLA   Se pronuncia como la 'ki' de 'kilo'.

APRENDE   Se dibuja con cuatro trazos: stop stroke, stop stroke, jump fade, stop stroke.

Los dos primeros trazos son líneas paralelas que se dibujan de izquierda a derecha y tienen una ligera inclinación. El tercer trazo atraviesa a los dos primeros y termina con un hane. Dibuja el hane moviendo rápido el lápiz hacia arriba, creando la cuarta marca. Dibuja el último trazo curvado hacia la derecha. A veces puedes encontrarte estas marcas conectadas en algunas fuentes, como se puede observar en la imagen de la izquierda, pero esta es la manera correcta de dibujar este carácter.

ESCRIBE   En primer lugar, traza el carácter en las casillas que aparecen a continuación.

PRACTICA   Ahora practica dibujando este carácter en estas casillas más pequeñas.

く く **ku**

| HABLA | Se pronuncia como la 'cu' de 'cuna'. |

| APRENDE | Este kana se dibuja con un solo trazo: stop stroke. |

Este carácter de un solo trazo se parece mucho a un paréntesis de apertura, pero con una curvatura hacia dentro y forma angular. Intenta asegurarte de que el principio y el final estén alineados verticalmente para crear un carácter bien equilibrado.

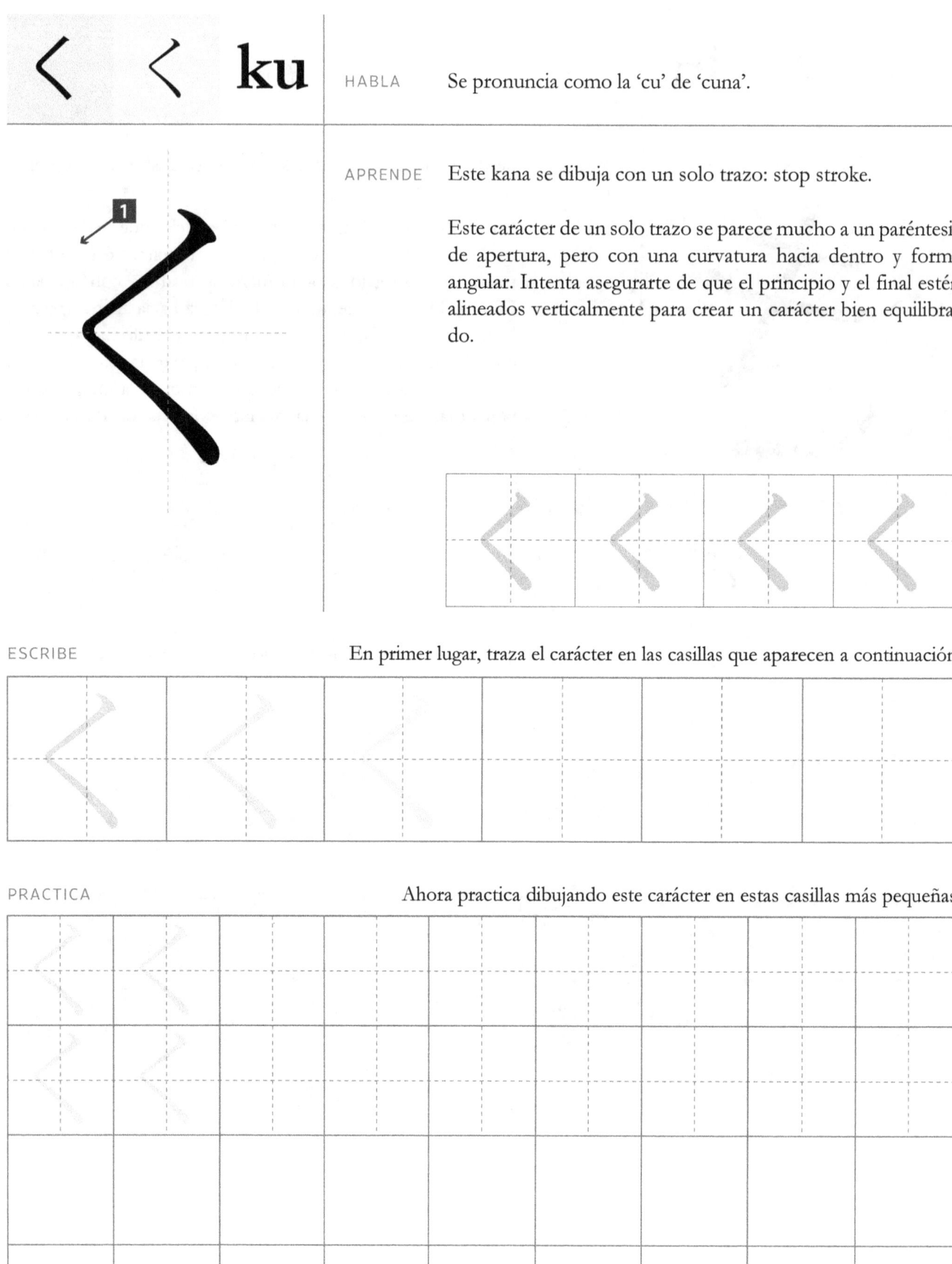

ESCRIBE — En primer lugar, traza el carácter en las casillas que aparecen a continuación.

PRACTICA — Ahora practica dibujando este carácter en estas casillas más pequeñas.

け け ke

HABLA   Se pronuncia como la 'que' de 'queso'.

APRENDE   Este kana tiene tres trazos: jump fade, stop stroke, fade stroke.

Dibuja el primer trazo hacia abajo con una ligera curvatura hacia fuera y termina con un hane. El segundo trazo se realiza como una continuación del hane, con una línea corta de izquierda a derecha. El último trazo es otra línea vertical hacia abajo, con una pequeña curva hacia la izquierda esta vez. Empieza un poco más arriba que la anterior y también termina más abajo. Termina este trazo con un giro gentil del lápiz.

ESCRIBE   En primer lugar, traza el carácter en las casillas que aparecen a continuación.

PRACTICA   Ahora practica dibujando este carácter en estas casillas más pequeñas.

こ こ ko

HABLA — Se pronuncia como la 'co' de 'comida'.

APRENDE — Este kana se dibuja con dos trazos: jump fade, stop stroke.

El dibujo de este kana se realiza con dos trazos que se curvan hacia dentro, por lo tanto, parece que casi se conectan y forman un gran círculo. La primera marca es una línea horizontal curvada que termina con un hane. El segundo trazo se hace más bajo y hacia la izquierda. Los trazos deberían verse como si estuvieran a punto de conectarse para crear una forma circular cerrada.

ESCRIBE — En primer lugar, traza el carácter en las casillas que aparecen a continuación.

PRACTICA — Ahora practica dibujando este carácter en estas casillas más pequeñas.

さ さ **sa**

HABLA — Se pronuncia como la 'sa' de 'salida'.

APRENDE — Este kana se dibuja con tres trazos: stop stroke, jump fade, stop stroke.

Se escribe de manera similar al hiragana き, pero sin el primer trazo corto. Empieza con una línea horizontal de izquierda a derecha inclinada. El segundo trazo atraviesa la línea anterior y termina formando un hane. La tercera línea se hace poniendo el lápiz un poco más abajo del hane y realizando una curva. Los trazos de este kana a veces se pueden encontrar unidos, pero la manera correcta de escribirlo es levantando el lápiz.

ESCRIBE — En primer lugar, traza el carácter en las casillas que aparecen a continuación.

PRACTICA — Ahora practica dibujando este carácter en estas casillas más pequeñas.

し　し　shi

HABLA　Se pronuncia como la 'shi', de 'sushi'.

NOTA　No es un sonido común en español, pero se asemeja al sonido 'shhh' que usamos para pedir silencio seguido de una i.

APRENDE　Dibuja este kana con un solo trazo: fade stroke.

Este kana se escribe con un solo trazo. Empieza como una línea vertical de arriba hacia abajo antes de realizar una curva hacia la derecha y hacia arriba. Gira suavemente el lápiz antes de levantarlo del papel al final del trazo.

ESCRIBE　En primer lugar, traza el carácter en las casillas que aparecen a continuación.

PRACTICA　Ahora practica dibujando este carácter en estas casillas más pequeñas.

す す **su**

HABLA — Se pronuncia como la 'su' de 'subir'.

APRENDE — Este kana tiene dos trazos: stop stroke, fade stroke con círculo.

Empieza dibujando una línea horizontal larga de izquierda a derecha. Tu segunda línea empieza en la parte superior de la casilla y se desliza hacia abajo atravesando a la primera. Luego gira formando un círculo justo después de cruzar la línea anterior. Completa el trazo haciendo una curva hacia la izquierda y levanta tu lápiz del papel con un movimiento gentil al final para desvanecer el trazo. Intenta atravesar al primer trazo un poco hacia la derecha en vez de en el centro. Esto hará que tengas más espacio para crear el círculo debajo.

ESCRIBE — En primer lugar, traza el carácter en las casillas que aparecen a continuación.

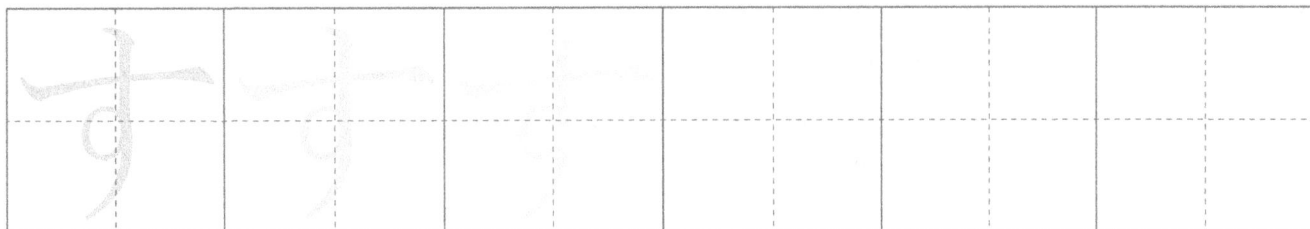

PRACTICA — Ahora practica dibujando este carácter en estas casillas más pequeñas.

せ　せ　se

HABLA Se pronuncia como la 'se' de 'semana'.

APRENDE Este kana se dibuja con tres trazos: stop stroke, jump fade, stop stroke.

Empieza a escribir este carácter con una línea horizontal larga de izquierda a derecha. El segundo trazo es una línea vertical más corta que se dibuja en el lado derecho y termina con un hane hacia arriba y a la izquierda. Levanta tu lápiz, pero mantén el impulso en la misma dirección a medida que te preparas para realizar el tercer trazo. Haz una línea vertical hacia abajo y dóblala hacia la derecha. No levantes tu lápiz con un movimiento suave esta vez. Las dos segundas marcas deberían atravesar a la primera dejando espacios equilibrados.

ESCRIBE En primer lugar, traza el carácter en las casillas que aparecen a continuación.

PRACTICA Ahora practica dibujando este carácter en estas casillas más pequeñas.

SO

HABLA — Se pronuncia como la 'so' de 'sonido'.

APRENDE — Este kana se crea con un solo trazo en forma de zig-zag: stop stroke.

Empieza haciendo la forma de la letra 'Z' en la parte superior antes de añadir la forma de la letra 'C' abajo – no levantes tu lápiz del papel. La forma de la letra 'C' debería terminar sin ningún movimiento hacia arriba. Asegúrate de que la línea horizontal del centro sea más larga que la de arriba. Aunque no es muy común, puede que veas este carácter escrito como si fueran dos trazos diferentes en algunas fuentes.

ESCRIBE — En primer lugar, traza el carácter en las casillas que aparecen a continuación.

PRACTICA — Ahora practica dibujando este carácter en estas casillas más pequeñas.

た ta

HABLA — Se pronuncia como la 'ta' de 'taza'.

APRENDE — Este kana se dibuja con cuatro trazos: todos son stop strokes.

Dibuja la forma de una 't' minúscula, con la línea vertical inclinada hacia abajo y a la izquierda. Traza esta línea en la parte izquierda de la casilla, de manera que haya espacio para dibujar la siguiente parte. El tercer trazo forma una marca pequeña y curvada a la derecha de la 't', y el cuarto trazo se hace debajo del tercero, con una curva en dirección opuesta a la del trazo anterior. Los dos últimos trazos deberían dibujarse de tal manera que parezca que se unen formando un círculo.

ESCRIBE — En primer lugar, traza el carácter en las casillas que aparecen a continuación.

PRACTICA — Ahora practica dibujando este carácter en estas casillas más pequeñas.

ち ち chi

HABLA — Se pronuncia como la 'chi' de 'chiste'.

APRENDE — Este kana se dibuja con dos trazos: stop stroke, fade stroke.

Este carácter lo escribimos como una imagen espejo de さ, pero no es necesario levantar el lápiz en este caso. Dibuja tu primera línea de izquierda a derecha, un poco inclinada. Tu segundo trazo es una línea ligeramente diagonal, dibujada hacia abajo y hacia la izquierda, que atraviesa a la primera. A medida que te acercas a la parte inferior de la casilla, la línea se curva hacia arriba y hacia la derecha, creando una forma circular, pero termina girando suavemente y levantando el lápiz del papel sin llegar a formar un círculo cerrado.

ESCRIBE — En primer lugar, traza el carácter en las casillas que aparecen a continuación.

PRACTICA — Ahora practica dibujando este carácter en estas casillas más pequeñas.

つ tsu

HABLA — Se pronuncia como la 'tsu' de 'tsunami'.

APRENDE — Este kana se dibuja con un solo trazo: fade stroke.

Es uno de los caracteres más sencillos. Para dibujar este kana, se traza una curva larga y amplia que se desvanece al final. Crea el desvanecimiento girando y levantando gentilmente el lápiz del papel a medida que te acerques al final del arco.

ESCRIBE — En primer lugar, traza el carácter en las casillas que aparecen a continuación.

PRACTICA — Ahora practica dibujando este carácter en estas casillas más pequeñas.

て　て　te

HABLA — Se pronuncia como la 'te' de 'tenedor'.

APRENDE — Este kana se dibuja con un solo trazo: stop stroke.

En un solo trazo, mueve tu lápiz de izquierda a derecha creando una línea horizontal ligeramente inclinada antes de retroceder a la izquierda y hacia abajo. Mantén el lápiz en el papel mientras formas una curva larga y amplia en forma de 'C'. Debido a que este kana se dibuja con un trazo sin desvanecimiento, no gires el lápiz a la vez que lo alejas del papel cuando te vayas acercando al final de la línea.

ESCRIBE — En primer lugar, traza el carácter en las casillas que aparecen a continuación.

PRACTICA — Ahora practica dibujando este carácter en estas casillas más pequeñas.

33

と と **to**

HABLA — Se pronuncia con la 'to' de 'todo'.

APRENDE — Este kana se crea con dos trazos: stop stroke, stop stroke.

El primer trazo es una línea pequeña y ligeramente inclinada, dibujada casi en el centro de la casilla. El segundo trazo es una línea larga y curvada que en la línea central horizontal de la casilla se encuentra con el primer trazo. Luego se dobla de izquierda a derecha y hacia abajo de la casilla. El principio y el final del segundo trazo deberían estar alineados verticalmente. Tu segundo trazo no debería atravesar al primero, sino que debería pasar justo por donde termina.

ESCRIBE — En primer lugar, traza el carácter en las casillas que aparecen a continuación.

PRACTICA — Ahora practica dibujando este carácter en estas casillas más pequeñas.

な な **na**

HABLA — Se pronuncia como la 'na' de 'nada'.

APRENDE — Este kana tiene cuatro trazos: stop stroke, stop stroke, jump fade, stop stroke.

Empieza con una línea horizontal corta e inclinada en la parte izquierda de la casilla. Tu segundo trazo es una línea más larga y diagonal que atraviesa a la primera, hacia abajo y a la izquierda – no la hagas demasiado larga. El tercer trazo se hace con una línea curva en el lado derecho, terminando con un hane. En cuanto levantes el lápiz del papel, empieza inmediatamente el cuarto trazo hacia abajo antes de girarlo formando un círculo. Termina este giro parando debajo del tercer trazo.

ESCRIBE — En primer lugar, traza el carácter en las casillas que aparecen a continuación.

PRACTICA — Ahora practica dibujando este carácter en estas casillas más pequeñas.

に に ni

HABLA — Se pronuncia como la 'ni' de 'nido'.

APRENDE — Este kana tiene tres trazos: jump fade, y dos stop strokes.

Se parece mucho a algunos caracteres anteriores. Empieza con una línea vertical hacia abajo en el lado izquierdo, y termina con un hane hacia arriba y a la derecha. El segundo trazo es casi una continuación del hane, y es una línea horizontal curvada. El último trazo se dibuja como una curva en la dirección opuesta a la del segundo trazo, casi formando un círculo. En este caso no debes girar y levantar gentilmente tu lápiz, ya que se trata de una línea que no termina desvaneciéndose.

ESCRIBE — En primer lugar, traza el carácter en las casillas que aparecen a continuación.

PRACTICA — Ahora practica dibujando este carácter en estas casillas más pequeñas.

| HABLA | Se pronuncia como la 'nu' de 'nube'. |

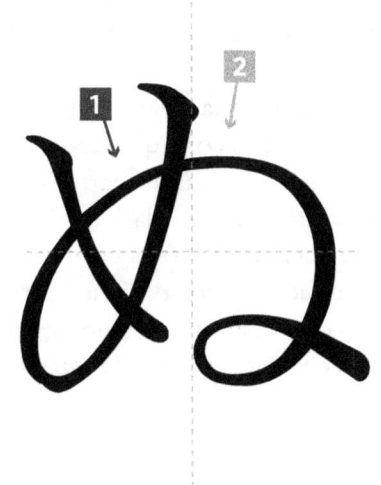

APRENDE — Se dibuja con dos trazos: stop stroke, stop stroke.

Empieza dibujando una línea inclinada y ligeramente curvada. El segundo trazo empieza a una altura similar, pero se curva hacia el lado opuesto atravesando al primer trazo en su parte final. Después gira hacia arriba y a la derecha. A medida que el lápiz se acerca a la parte inferior derecha de la casilla, vuelve a girar formando un círculo y continuando el trazo hacia la derecha. Presta atención para ajustar los espacios que hay entre las líneas, como en el ejemplo, para que tu carácter esté bien equilibrado.

ESCRIBE — En primer lugar, traza el carácter en las casillas que aparecen a continuación.

PRACTICA — Ahora practica dibujando este carácter en estas casillas más pequeñas.

ね ね **ne**

HABLA	Se pronuncia como la 'ne' de 'negocio'.

APRENDE — Este kana se dibuja con dos trazos: stop stroke, stop stroke.

Dibuja la línea vertical de arriba hacia abajo. Empieza el segundo trazo con una línea horizontal corta que atraviesa a la primera línea, luego desliza el lápiz hacia la parte inferior izquierda de la casilla. Sin levantar el lápiz de la hoja, vuelve a llevar el segundo trazo arriba hacia y sigue para crear un arco amplio. A medida que te acerques a la zona inferior derecha de la casilla, haz un pequeño giro para formar un círculo y continúa el trazo hacia la derecha para terminar el carácter.

ESCRIBE — En primer lugar, traza el carácter en las casillas que aparecen a continuación.

PRACTICA — Ahora practica dibujando este carácter en estas casillas más pequeñas.

の の **no**

HABLA — Se pronuncia como la 'no' de 'noche'.

APRENDE — Este kana se escribe con un solo trazo: fade stroke.

Empezando desde la parte superior y central de la casilla, lleva el lápiz hacia abajo diagonalmente a la izquierda. Desde la parte baja de esta línea, gira el lápiz hacia arriba y a la derecha en un movimiento circular amplio, pasando por el punto en el que empezaste. Cuando pases por el punto de inicio, asegúrate de no dibujar tu curva demasiado baja para que la línea vertical no sobresalga por arriba. Sigue girando el arco y levanta suavemente el lápiz.

ESCRIBE — En primer lugar, traza el carácter en las casillas que aparecen a continuación.

PRACTICA — Ahora practica dibujando este carácter en estas casillas más pequeñas.

39

| は | は | **ha** | HABLA | Se pronuncia como la 'ja' de 'jamón'. |

APRENDE   Se dibuja con tres trazos: jump fade, stop stroke, stop stroke.

Los dos primeros trazos de este kana se parecen al hiragana け, con un primer trazo vertical curvado que termina con un hane y un segundo trazo que es una línea horizontal más corta hacia la derecha. El tercer trazo atraviesa al segundo, está dibujado verticalmente hacia abajo y termina girando sobre sí mismo formando un pequeño círculo. Después sigue un poco la línea hacia la derecha para terminar.

ESCRIBE   En primer lugar, traza el carácter en las casillas que aparecen a continuación.

PRACTICA   Ahora practica dibujando este carácter en estas casillas más pequeñas.

ひ ひ **hi**

HABLA   Se pronuncia como la 'ji' de 'jirafa'.

APRENDE   Este kana se dibuja con un solo trazo: stop stroke.

Empieza dibujando una línea corta ligeramente inclinada hacia arriba antes de retroceder un poco hacia la izquierda. Mantén el lápiz en la hoja mientras formas una curva larga y amplia en forma de 'U' alrededor de la mitad inferior de la casilla. Cuando vuelvas a estar cerca de la parte superior, y sin levantar el lápiz, gira un poco hacia atrás y luego aléjate hacia la derecha con una línea curvada diagonal y para. No levantes ni gires levemente el lápiz al terminar este trazo.

ESCRIBE   En primer lugar, traza el carácter en las casillas que aparecen a continuación.

PRACTICA   Ahora practica dibujando este carácter en estas casillas más pequeñas.

	HABLA	Se pronuncia como la 'fu' de 'fuego', pero la 'f' es suave, es un sonido que se asemeja más al de una 'h' aspirada.

APRENDE Se dibuja con cuatro trazos: jump fade, jump fade, stop stroke, stop stroke.

Empieza en la parte superior central de la casilla con un trazo corto e inclinado que termina con un hane. El segundo trazo tiene forma como de nariz y debería terminar con un giro hacia donde empezará el tercer trazo, que es otra línea corta e inclinada que termina con un hane hacia arriba y a la derecha. Para el cuarto trazo, levanta el lápiz y muévelo hacia la derecha, hacia donde dibujaste la última línea corta y curvada.

ESCRIBE En primer lugar, traza el carácter en las casillas que aparecen a continuación.

PRACTICA Ahora practica dibujando este carácter en estas casillas más pequeñas.

∧ ∧ **he**

HABLA   Se pronuncia como la 'je' de 'jefe'.

APRENDE   Este kana se hace con un solo trazo: stop stroke.

Empieza en la línea central horizontal a la izquierda de la casilla y desliza el lápiz diagonalmente hacia arriba y a la derecha brevemente – pero no atravieses el centro de la guía. Sin levantar el lápiz, sigue dibujando la línea diagonal más larga del carácter hacia abajo y a la derecha. La 'cima' de este trazo en forma de 'V' invertida no debería estar en el centro de la casilla.

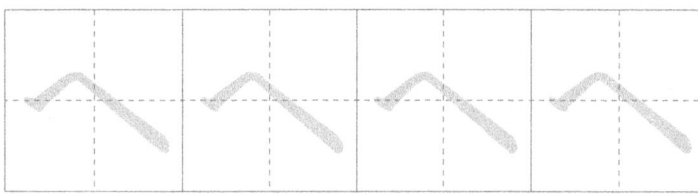

ESCRIBE   En primer lugar, traza el carácter en las casillas que aparecen a continuación.

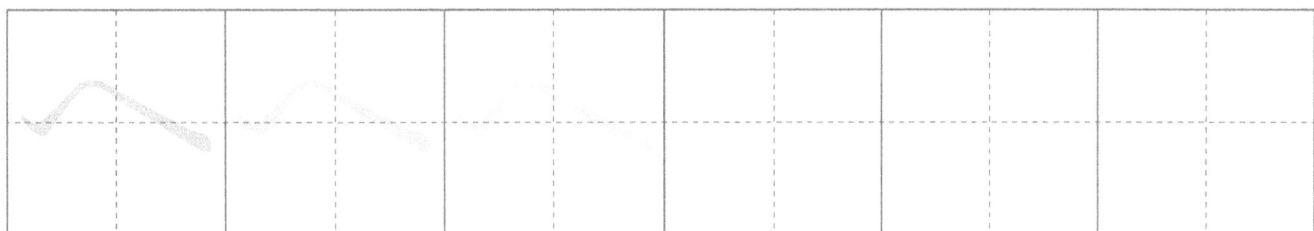

PRACTICA   Ahora practica dibujando este carácter en estas casillas más pequeñas.

ほ ほ ho

HABLA Se pronuncia como la 'jo' de 'joya'.

APRENDE Este kana tiene cuatro trazos: jump fade, stop stroke, stop stroke, stop stroke.

Al igual que con los primeros trazos de は, に, y け, empieza con una línea vertical curvada que termina con un hane. Tanto el segundo como el tercer trazo son líneas paralelas cortas en la parte superior derecha de la casilla. El último trazo debería empezar en la segunda línea – presta atención para no empezar por encima. Mueve el lápiz hacia abajo, atraviesa el tercer trazo, y sigue con un giro en forma de círculo. Alarga un poco más la línea hacia la derecha para terminar el carácter.

ESCRIBE En primer lugar, traza el carácter en las casillas que aparecen a continuación.

PRACTICA Ahora practica dibujando este carácter en estas casillas más pequeñas.

ま ま **ma**

HABLA Se pronuncia como la 'ma' de 'mamá'.

APRENDE Se dibuja con tres trazos: stop stroke, stop stroke, stop stroke.

Para escribir este kana, empieza dibujando líneas horizontales paralelas, ambas trazadas de izquierda a derecha. La primera debería ser un poco más larga que la segunda. La tercera línea discurre verticalmente de arriba hacia abajo, atraviesa a las otras líneas, y termina con un giro en forma de círculo al final. La clave para dibujar con exactitud este kana se encuentra en no hacer los dos primeros trazos demasiado largos, pero, aun así, deben ser un poco más largos que el giro del final.

ESCRIBE En primer lugar, traza el carácter en las casillas que aparecen a continuación.

PRACTICA Ahora practica dibujando este carácter en estas casillas más pequeñas.

み み mi

HABLA — Se pronuncia como la 'mi' de 'minuto'.

APRENDE — Se dibuja con dos trazos: stop stroke, fade stroke.

Empieza el primer trazo con una línea horizontal corta, luego mueve el lápiz hacia abajo y a la izquierda. Sin levantar el lápiz del papel, haz un giro con forma circular al final y termina tu trazo alargando la línea hacia la derecha. El segundo trazo es una curva hacia abajo y a la izquierda que atraviesa la línea final del primer trazo. Levanta suavemente el lápiz de la hoja para desvanecer este trazo en la parte final.

ESCRIBE — En primer lugar, traza el carácter en las casillas que aparecen a continuación.

PRACTICA — Ahora practica dibujando este carácter en estas casillas más pequeñas.

む む mu

HABLA — Se pronuncia como la 'mu' de 'mucho'.

APRENDE — Dibuja este kana con tres trazos: stop stroke, fade stroke, stop.

Empezamos dibujando este kana de una forma parecida al hiragana す, con una línea horizontal en la parte izquierda de la casilla. La segunda línea empieza arriba y se dibuja hacia abajo, atravesando el primer trazo, y luego forma un círculo debajo de la línea central horizontal de la casilla. Sin levantar el lápiz de la hoja después del giro, muévelo hacia abajo, gira a la derecha, y después suavemente hacia arriba. Para antes de llegar tan arriba como el primer trazo. Termina con una línea corta e inclinada.

ESCRIBE — En primer lugar, traza el carácter en las casillas que aparecen a continuación.

PRACTICA — Ahora practica dibujando este carácter en estas casillas más pequeñas.

め め me

HABLA Se pronuncia como la 'me' de 'mesa'.

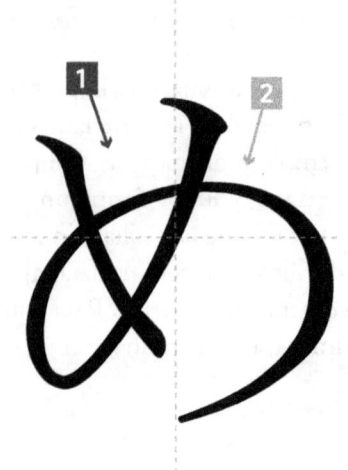

APRENDE Este kana se dibuja con dos trazos: stop stroke, fade stroke.

Este kana se escribe de una forma similar a ぬ, con la excepción de que no realiza un giro al final. Primero, dibuja la línea diagonal curvada hacia abajo y hacia la derecha. El segundo trazo empieza a una altura similar a la del primero, pero se curva en la dirección contraria. Sigue girando este trazo con un movimiento circular, pero levanta gentilmente el lápiz del papel al final. Intenta igualar los espacios que hay entre las líneas para crear un carácter equilibrado.

ESCRIBE En primer lugar, traza el carácter en las casillas que aparecen a continuación.

PRACTICA Ahora practica dibujando este carácter en estas casillas más pequeñas.

も も **mo**

HABLA | Se pronuncia como la 'mo' de 'moneda'.

APRENDE | Este kana tiene tres trazos: fade , stop , stop stroke.

Al igual que con el hiragana し, empezamos dibujando la forma de un anzuelo y terminamos levantando el lápiz suavemente a medida que lo giramos. Los dos siguientes trazos son dos líneas horizontales paralelas que atraviesan al primer trazo. En algunas fuentes, este carácter también se puede encontrar con los dos últimos trazos conectados, como se puede observar en la imagen más pequeña de la izquierda.

ESCRIBE | En primer lugar, traza el carácter en las casillas que aparecen a continuación.

PRACTICA | Ahora practica dibujando este carácter en estas casillas más pequeñas.

ya

HABLA Se pronuncia como la 'lla' de 'llave'

APRENDE Dibuja este kana con tres trazos: fade stroke, jump fade, stop.

El primer trazo empieza como una línea diagonal hacia arriba y hacia la derecha antes de curvarse hacia dentro. El segundo trazo es una línea corta que se sitúa en la parte superior cerca del centro de la casilla. El tercer y último trazo es una línea diagonal más larga que la segunda que se desliza desde la parte superior izquierda hacia la parte inferior derecha – debería atravesar la primera línea a un tercio de la izquierda aproximadamente. También se puede ver este carácter con los dos últimos trazos conectados.

ESCRIBE En primer lugar, traza el carácter en las casillas que aparecen a continuación.

PRACTICA Ahora practica dibujando este carácter en estas casillas más pequeñas.

| HABLA | Se pronuncia como la 'llu' de 'lluvia'. |

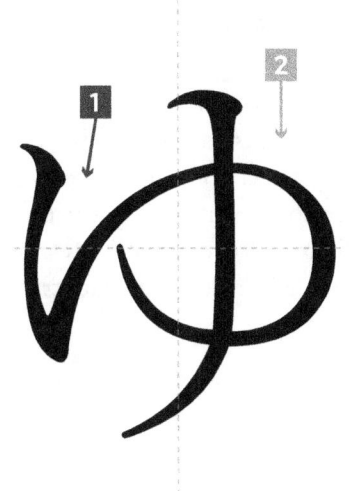

| APRENDE | Este kana se dibuja con dos trazos: fade stroke, fade stroke. |

Empieza con una línea vertical ligeramente curvada que va hacia abajo antes de volver a subir un poco. Sin levantar el lápiz del papel, sigue dibujando una curva larga que casi se cierra sobre sí misma como un círculo. El segundo trazo es una línea vertical que se curva hacia abajo y hacia la izquierda, atravesando la gran curva de la primera línea. Termina el trazo levantando suavemente el lápiz de la hoja para desvanecer la línea.

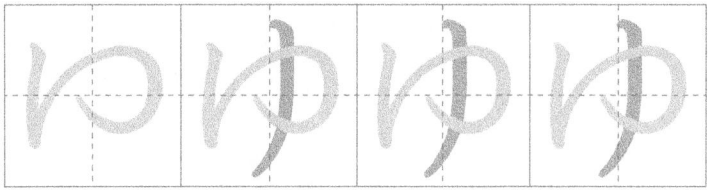

ESCRIBE — En primer lugar, traza el carácter en las casillas que aparecen a continuación.

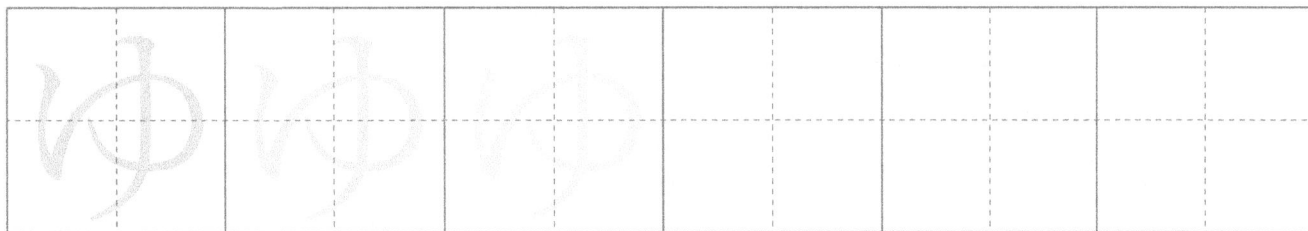

PRACTICA — Ahora practica dibujando este carácter en estas casillas más pequeñas.

yo

HABLA — Se pronuncia como la 'llo' de 'llorar'.

APRENDE — Este kana se dibuja con dos trazos: jump fade, stop stroke.

El primer trazo es una línea horizontal corta, que empieza en la línea central vertical de la casilla y se desliza hacia la derecha. El segundo trazo empieza como una línea vertical que va desde la parte superior central de la casilla hacia abajo, gira sobre sí misma formando un círculo, y termina en la parte inferior derecha de la casilla. En este trazo no levantes suavemente el lápiz, ya que se trata de una línea que no se desvanece en la parte final.

ESCRIBE — En primer lugar, traza el carácter en las casillas que aparecen a continuación.

PRACTICA — Ahora practica dibujando este carácter en estas casillas más pequeñas.

ら ら ra

HABLA — Se pronuncia como la 'ra' de 'pera'.

APRENDE — Este kana se dibuja con dos trazos: jump fade, fade stroke.

El primer trazo es una línea relativamente corta, dibujada cerca de la parte superior central de la casilla. Luego, como si dibujaras el número 5, mueve el lápiz verticalmente hacia abajo y después hacia la derecha formando una curva larga. La curva debería dibujarse un poco hacia arriba antes de girar sobre sí misma hacia abajo. Termina levantando gentilmente el lápiz. Este carácter también se puede encontrar como una única forma unida, con un solo trazo.

ESCRIBE — En primer lugar, traza el carácter en las casillas que aparecen a continuación.

PRACTICA — Ahora practica dibujando este carácter en estas casillas más pequeñas.

り り ri

HABLA Se pronuncia como la 'ri' en 'herida'.

APRENDE Este kana se dibuja con dos trazos: jump fade, fade stroke.

Normalmente se muestra como un único trazo, pero la manera correcta de escribir este carácter es trazando dos líneas separadas. El primer trazo es una línea que se desliza verticalmente hacia abajo y termina con un hane hacia arriba y a la derecha. Al terminar de dibujar el hane, vuelve a colocar el lápiz en el papel para crear el segundo trazo. Dibuja una línea larga y curva hacia abajo y hacia la izquierda, levantando suavemente el lápiz del papel al final para desvanecer la línea.

ESCRIBE En primer lugar, traza el carácter en las casillas que aparecen a continuación.

PRACTICA Ahora practica dibujando este carácter en estas casillas más pequeñas.

る る **ru**

| HABLA | Se pronuncia como la 'ru' en 'oruga'. |

| APRENDE | Este kana se dibuja con un solo trazo: stop stroke. |

Este carácter de un único trazo empieza como una pequeña línea horizontal que va de izquierda a derecha antes de cambiar la dirección y moverse hacia abajo y a la izquierda creando una línea más larga. Sin levantar el lápiz, retrocede un poco hacia arriba y luego crea una gran curva circular con otro giro mucho más pequeño al final. La curva más pequeña no debería atravesar la línea, sino que debería terminar justo en el borde de ésta.

ESCRIBE — En primer lugar, traza el carácter en las casillas que aparecen a continuación.

PRACTICA — Ahora practica dibujando este carácter en estas casillas más pequeñas.

れ れ **re**

HABLA Se pronuncia como la 're' en 'pared'.

APRENDE Este kana se dibuja con dos trazos: stop stroke, fade stroke.

Este kana se hace con solo dos trazos, empezando con una línea vertical de arriba hacia abajo. El segundo empieza como una línea horizontal bastante corta que atraviesa al primero antes de moverse diagonalmente hacia abajo y a la izquierda, atravesando la línea vertical una vez más. Sin levantar el lápiz, retrocede hacia arriba y luego dibuja la forma de una ola alta hacia la derecha. Cuando el lápiz esté arriba, muévelo hacia abajo y crea una curva de nuevo hacia arriba y a la derecha terminando con un movimiento gentil del lápiz.

ESCRIBE En primer lugar, traza el carácter en las casillas que aparecen a continuación.

PRACTICA Ahora practica dibujando este carácter en estas casillas más pequeñas.

ろ ろ **ro**

HABLA — Se pronuncia como la 'ro' en 'oro'.

APRENDE — Este kana se dibuja con un trazo: fade stroke.

Este carácter se dibuja de manera muy similar al hiragana る, con la excepción de que no tiene un giro al final. Para dibujar este kana, empieza con una línea horizontal bastante corta que va de izquierda a derecha y sigue con una línea diagonal hacia abajo y de vuelta a la izquierda. Retrocede un poco hacia atrás y arriba y luego termina el trazo haciendo la gran curva hacia la derecha y hacia dentro – todo se realiza en un movimiento suave, terminando con un movimiento gentil del lápiz al levantarlo de la hoja.

ESCRIBE — En primer lugar, traza el carácter en las casillas que aparecen a continuación.

PRACTICA — Ahora practica dibujando este carácter en estas casillas más pequeñas.

わ わ **wa**

HABLA   Se pronuncia como la 'gua' de 'guante'.

APRENDE   Este kana se dibuja con dos trazos: jump fade, fade stroke.

Empieza con una marca vertical de arriba hacia abajo a la izquierda del centro de la casilla, y termina con un hane hacia arriba y hacia la izquierda. Tu segunda línea atraviesa la primera y luego se mueve en diagonal hacia abajo y a la izquierda volviendo a atravesar la primera línea. Termina este trazo dibujando una curva hacia la derecha y hacia atrás, desvaneciéndola al final moviendo suavemente el lápiz.

ESCRIBE   En primer lugar, traza el carácter en las casillas que aparecen a continuación.

PRACTICA   Ahora practica dibujando este carácter en estas casillas más pequeñas.

を を wo*

HABLA Se pronuncia como la 'o' en 'oso'. La 'w' es muda, no se pronuncia.

APRENDE Este kana se dibuja con tres trazos: todos son stop strokes.

El primer trazo es una línea horizontal que va de izquierda a derecha. El segundo trazo empieza como una línea vertical que atraviesa al primero antes de retroceder hacia arriba y luego de nuevo hacia abajo. Debería terminar en un punto más bajo al anterior, donde hiciste el cambio de dirección con el lápiz. La tercera línea es una curva que empieza en el lado derecho, sobre la línea central de la casilla, y atraviesa el final del segundo trazo. Después vuelve a la parte inferior derecha de la casilla terminando sin desvanecer la línea, sin movimiento suave del lápiz.

* Kana non comune usato come particella.

ESCRIBE En primer lugar, traza el carácter en las casillas que aparecen a continuación.

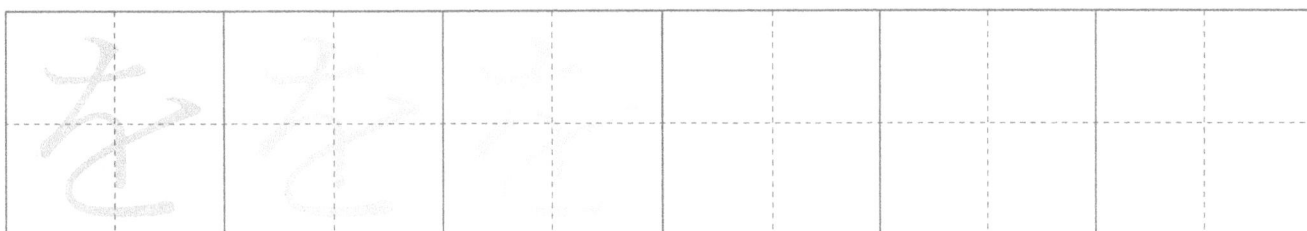

PRACTICA Ahora practica dibujando este carácter en estas casillas más pequeñas.

ん ん **n**

HABLA
Se pronuncia simplemente como una 'n', como en la palabra 'Noruega'.

APRENDE
Este kana se dibuja con un solo trazo: fade stroke.

Este carácter se hace con un solo trazo. Empieza siendo una línea diagonal que va desde la zona superior central hasta la parte inferior de la izquierda de la casilla. Sin levantar el lápiz, retrocede un poco hacia arriba antes de crear la forma de una ola – termina este trazo y carácter levantando suavemente el lápiz del papel para desvanecer el trazo cerca de la línea central horizontal de la casilla.

ESCRIBE
En primer lugar, traza el carácter en las casillas que aparecen a continuación.

PRACTICA
Ahora practica dibujando este carácter en estas casillas más pequeñas.

Parte 4

TABLAS DE KATAKANA Y REGLAS BÁSICAS

Tabla de Katakana

Esta tabla muestra los 46 caracteres básicos del Katakana con su correspondiente escritura en Romaji para representar el sonido fonético más parecido que se puede encontrar en este alfabeto. Los sonidos vocálicos aparecen en la parte superior y sus diferentes versiones con los sonidos de consonantes aparecen debajo de ellos. **Apunta la siguiente excepción: 'n' y *wo son caracteres poco comunes.*

Sonidos Vocálicos

	a	i	u	e	o
	ア a	イ i	ウ u	エ e	オ o
k	カ ka	キ ki	ク ku	ケ ke	コ ko
s	サ sa	シ shi	ス su	セ se	ソ so
t	タ ta	チ chi	ツ tsu	テ te	ト to
n	ナ na	ニ ni	ヌ nu	ネ ne	ノ no
h	ハ ha	ヒ hi	フ fu	ヘ he	ホ ho
m	マ ma	ミ mi	ム mu	メ me	モ mo
y	ヤ ya		ユ yu		ヨ yo
r	ラ ra	リ ri	ル ru	レ re	ロ ro
w	ワ wa		ン **n		ヲ *wo

Consonantes

DIACRÍTICOS

Modificadores

Al igual que ocurre con el alfabeto *Hiragana*, hay **25 símbolos diacríticos** en Katakana. Se usan de la misma manera, para indicar cuándo es necesario pronunciar diferente las sílabas que suenan parecidas. Las marcas que indican este cambio en el sonido son idénticas, lo cual es aún más conveniente.

ホ ho ▶ ボ bo ポ po

Basic   *con Dakuten*   *con Handakuten*

Las reglas de los símbolos diacríticos en Katakana funcionan exactamente igual que en Hiragana. El *Dakuten* nos indican que la consonante que forma parte del sonido en el que aparecen debe ser pronunciada diferente:

- La **K** se pronuncia como una **G**
- La **S** cambia a **Z** *(excepto* シ*)*
- La **T** se convierte en **D**
- La **H** se pronuncia como una **B** cuando aparece junto a *Dakuten*, y como una **P** cuando aparece junto a *Handakuten*

	a	i	u	e	o
k ▶ g	ガ ga	ギ gi	グ gu	ゲ ge	ゴ go
s ▶ z	ザ za	ジ ji	ズ zu	ゼ ze	ゾ zo
t ▶ d	ダ da	ヂ dzi (ji)	ヅ dzu	デ de	ド do
h ▶ b	バ ba	ビ bi	ブ bu	ベ be	ボ bo
h ▶ p	パ pa	ピ pi	プ pu	ペ pe	ポ po

DÍGRAFOS

Aquí se muestran los Dígrafos que también se usan para el alfabeto Katakana – una vez más, usamos dos caracteres básicos para indicar que dos sonidos silábicos se combinan para crear otro. *Fácil, ¿verdad?*

キ + ヤ = キャ
(ki)   (ya)   (kya)

Los caracteres que se usan tienen los mismos sonidos que sus dos correspondientes en Hiragana. La importancia de escribir el segundo símbolo más pequeño que el primero se mantiene.

La pronunciación de estos sonidos, también conocidos como sonidos compuestos del alfabeto Katakana, es muy sencilla – por ejemplo, き (ki) + や (ya) se convierte en きゃ (kya) y se pronuncia 'kiya' *sin el sonido 'i'*.

¡Esta tabla parece complicada, pero simplemente recuerda que los Dígrafos se hacen exclusivamente con caracteres de la columna de イ/i *(excepto esta misma)* y se modifican con caracteres de la fila de Y!

キャ	キュ	キョ	ギャ	ギュ	ギョ
kya	kyu	kyo	gya	gyu	gyo
シャ	シュ	ショ	ジャ	ジュ	ジョ
sha	shu	sho	ja	ju	jo
チャ	チュ	チョ	ニャ	ニュ	ニョ
cha	chu	cho	nya	nyu	nyo
ニャ	ヒュ	ヒョ	ビャ	ビュ	ビョ
hya	hyu	hyo	bya	byu	byo
ピャ	ピュ	ピョ	リャ	リュ	リョ
pya	pyu	pyo	rya	ryu	ryo
ミャ	ミュ	ミョ			
mya	myu	myo			

CONSONANTES DOBLES

Modificadores

Las palabras japonesas que usan el alfabeto Katakana también pueden contener sonidos de consonantes dobles. Estas palabras también presentan el pequeño ツ / tsu *(llamado sokuon)* para indicar que deberían pronunciarse diferente. Vamos a ver otro ejemplo para Katakana:

ペット *petto*
(pe t ← to)

Sin el pequeño ツ *(tsu)*, la palabra ペト *(peto)* no tiene ningún significado, pero ペット *(petto)*, con el *sokuon*, significa **mascota** - ¡como un hámster o un gato!

Ten en cuenta que el pequeño ツ se coloca **delante** del carácter del que toma el sonido de consonante adicional. Cuando veas palabras con este modificador, la consonante que forma parte del símbolo que le sigue *(en este ejemplo, la 't' de 'to')* se añade al final del sonido que le precede.

Ambas consonantes deben ser escuchadas por separado cuando se pronuncien, como si se dijera **'pet-to'** pero sin dejar un espacio audible.

SONIDOS DE VOCALES LARGAS

Aún es necesario tener cuidado con los sonidos de vocales largas *(por ejemplo: aa, ii, oo, ee, y uu)*. Cuando se pronuncien estas vocales, la duración del sonido debe alargarse (normalmente se dobla la duración en este caso también), pero cuando se escriba en Katakana, usaremos una línea ー *(llamada 伸ばし棒, que literalmente significa 'barra de alargamiento')*.

Esta es una de las maneras en las que el Katakana difiere del Hiragana, además de en los caracteres, ya que usa un símbolo de vocal adicional para indicar el sonido de una vocal larga. Veamos algunos ejemplos:

フ + リ = フリー　　　ケ + キ = ケーキ
(fu) (ri)— *fu-rii* (Gratis)　　(ke)— (ki) *kee-ki* (Pastel)

Cabe observar que la 'barra de alargamiento' se convierte en una línea vertical cuando el texto se escribe verticalmente.

Parte 5

APRENDE A ESCRIBIR KATAKANA

ア ア a

HABLA — Se pronuncia como la 'a' de 'abuelo'.

APRENDE — Este kana se dibuja con dos trazos: ambos son fade strokes.

El primer trazo empieza como una línea horizontal en la parte izquierda de la casilla antes de hacer un giro brusco en la dirección contraria y hacia la zona central inferior. Empieza el segundo trazo al final del primero, haciendo una curva con tu lápiz hacia abajo y hacia la izquierda. El segundo trazo se desvanece a medida que se acerca a la parte inferior izquierda de la casilla.

ESCRIBE — En primer lugar, traza el carácter en las casillas que aparecen a continuación.

PRACTICA — Ahora practica dibujando este carácter en estas casillas más pequeñas.

イ イ **i**

HABLA   Se pronuncia como la 'i' de 'invierno'.

APRENDE   Este kana se dibuja con dos trazos: fade stroke, stop stroke.

El primer trazo es una línea diagonal ligeramente curvada que empieza en la parte superior derecha de la casilla y termina en la parte inferior izquierda con un movimiento gentil del lápiz. Para realizar el siguiente trazo empezamos cerca del centro del primero, justo a la derecha de la línea central vertical de la casilla. Mueve el lápiz hacia abajo en línea recta y para cuando te estés acercando al final de la casilla.

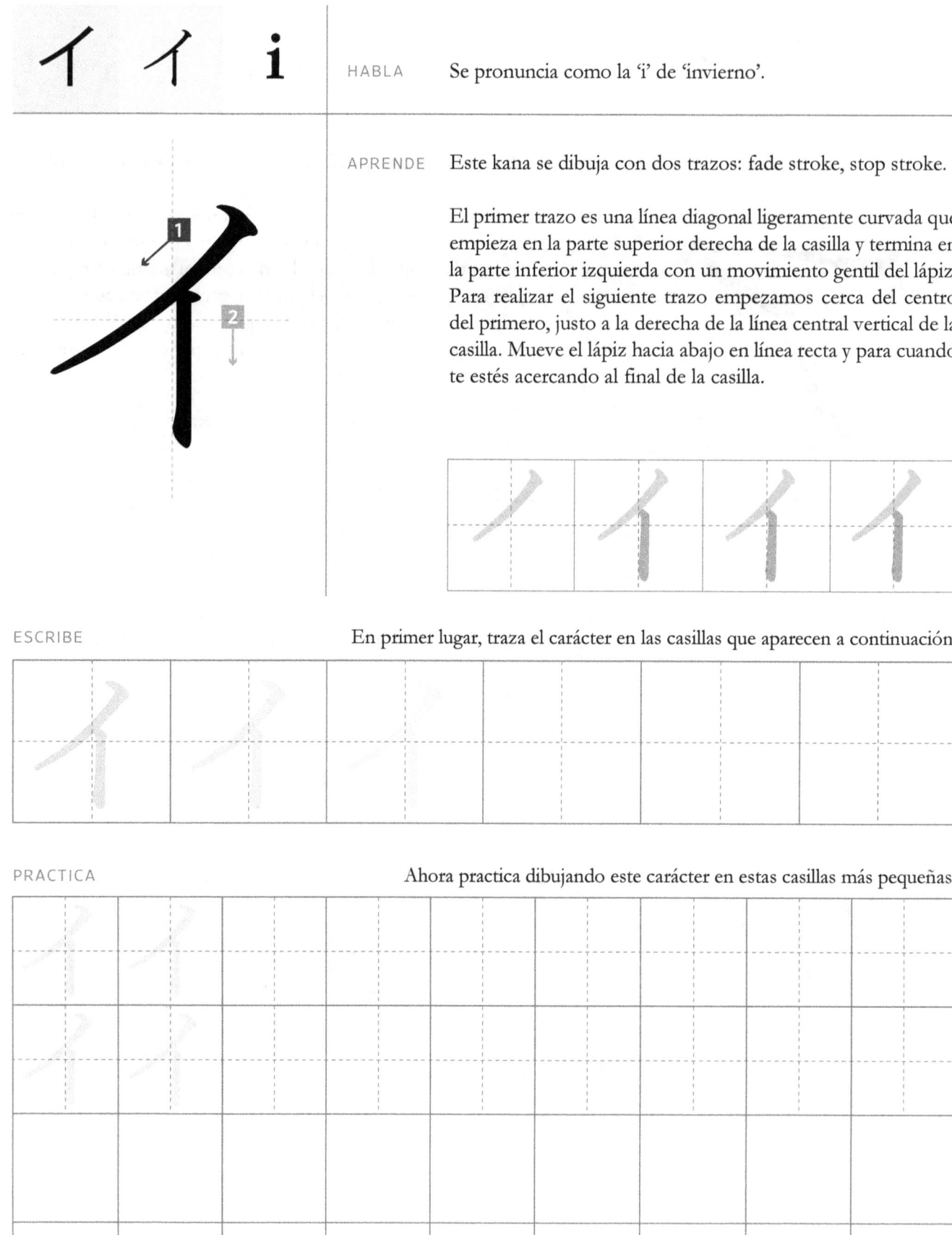

ESCRIBE   En primer lugar, traza el carácter en las casillas que aparecen a continuación.

PRACTICA   Ahora practica dibujando este carácter en estas casillas más pequeñas.

ウ ウ u

HABLA   Se pronuncia como la 'u' de 'uno'.

APRENDE   Este kana se dibuja con tres trazos: stop stroke, stop stroke, fade stroke.

Haz la primera línea vertical con un trazo corto en la zona superior central. El segundo trazo corto es otra línea vertical que se dibuja a la izquierda de la primera, pero un poco más abajo. El último trazo empieza donde empezó el anterior. Mueve el lápiz horizontalmente de izquierda a derecha, toca el final del primer trazo y luego, en la parte derecha de la casilla, haz un giro brusco hacia abajo y a la izquierda formando una curva que se desvanece al final con un movimiento suave del lápiz.

ESCRIBE   En primer lugar, traza el carácter en las casillas que aparecen a continuación.

PRACTICA   Ahora practica dibujando este carácter en estas casillas más pequeñas.

エ エ e

HABLA   Se pronuncia como la 'e' de 'elefante'.

APRENDE   Este kana se dibuja con tres trazos: todos son stop strokes.

Para dibujar este kana, empieza con una línea horizontal en el centro de la parte superior de la casilla. El segundo trazo empieza en el centro del primero, y se desliza hacia abajo por la línea central vertical de la casilla. El último trazo es otra línea horizontal de izquierda a derecha que une su centro con el final del trazo anterior. Para asegurarte de que tu carácter está correctamente escrito, el último trazo debe ser más amplio que el primero.

ESCRIBE   En primer lugar, traza el carácter en las casillas que aparecen a continuación.

PRACTICA   Ahora practica dibujando este carácter en estas casillas más pequeñas.

| HABLA | Se pronuncia como la 'o' de 'oreja'. |

| APRENDE | Este kana tiene tres trazos: stop stroke, jump fade, fade. |

Empieza dibujando una línea horizontal larga de izquierda a derecha. El segundo trazo es una línea vertical que atraviesa a la primera a un tercio del lado derecho. Termina el segundo trazo girando y levantando rápidamente el lápiz del papel (a esto se le llama hane). El último trazo empieza en el cruce de las dos primeras líneas y forma una curva hacia abajo y a la izquierda hasta terminar con un movimiento gentil del lápiz para desvanecer el final de la línea – no debería llegar tan abajo como el segundo trazo.

ESCRIBE — En primer lugar, traza el carácter en las casillas que aparecen a continuación.

PRACTICA — Ahora practica dibujando este carácter en estas casillas más pequeñas.

カ カ ka

HABLA   Se pronuncia como la sílaba 'ca' de 'casa'.

APRENDE   Este kana se dibuja con dos trazos: jump fade, stop stroke.

Este carácter es una versión angular del hiragana か y empieza con una línea horizontal ligeramente inclinada que gira hacia debajo de manera brusca. La parte baja de esta última línea vertical debería tener una pequeña curva hacia atrás y diagonalmente hacia la izquierda. Termina este trazo con un hane levantando rápido el lápiz del papel. El segundo trazo es una línea diagonal hacia abajo con una curva hacia la izquierda.

ESCRIBE   En primer lugar, traza el carácter en las casillas que aparecen a continuación.

PRACTICA   Ahora practica dibujando este carácter en estas casillas más pequeñas.

キ キ **ki**

HABLA   Se pronuncia como la 'ki' de 'kilo'.

APRENDE Se dibuja con tres trazos: stop stroke, stop stroke, stop stroke.

Te habrás dado cuenta de que este Katakana también tiene un gran parecido a su Hiragana correspondiente – los dos primeros trazos son líneas paralelas diagonales de izquierda a derecha en una dirección hacia arriba, y la segunda línea es un poco más larga que la primera. El último trazo es simplemente otra línea diagonal recta que va desde la parte superior izquierda hasta la parte inferior derecha de la casilla. Debería atravesar a las otras dos líneas aproximadamente por la mitad de ambas.

ESCRIBE   En primer lugar, traza el carácter en las casillas que aparecen a continuación.

PRACTICA   Ahora practica dibujando este carácter en estas casillas más pequeñas.

ク ク **ku**

HABLA Se pronuncia como la 'cu' de 'cuna'.

APRENDE Este kana se escribe con dos trazos: ambos son fade strokes.

Empieza con la primera línea diagonal curvada desde la parte central superior de la casilla hacia abajo y a la izquierda. Inicia el segundo trazo casi en el mismo sitio que el primero. Este trazo comienza con una línea horizontal bastante más corta que la del kana anterior antes de realizar un giro brusco y seguir como una curva en diagonal mucho más larga hacia abajo y a la izquierda de la casilla. ¡Practica cómo hacer que las dos partes en diagonal sean paralelas para que la escritura se vea mejor!

ESCRIBE En primer lugar, traza el carácter en las casillas que aparecen a continuación.

PRACTICA Ahora practica dibujando este carácter en estas casillas más pequeñas.

ケ ケ ke

HABLA — Se pronuncia como la 'que' de 'queso'.

APRENDE — Este kana tiene tres trazos: fade stroke, stop stroke, fade.

Empieza de una manera parecida al katakana ク anterior, dibuja el primer trazo diagonal y termina con un movimiento gentil del lápiz reduciendo la presión mientras lo separas del papel para desvanecer el trazo. La segunda línea empieza aproximadamente en la mitad del primer trazo esta vez y es simplemente una línea horizontal más larga que termina sin movimientos ni giros suaves del lápiz. Empieza la tercera línea en la mitad de la segunda y desliza tu lápiz formando una curva hacia abajo y a la izquierda que se desvanece de la misma manera que la primera, quedando paralela a ésta.

ESCRIBE — En primer lugar, traza el carácter en las casillas que aparecen a continuación.

PRACTICA — Ahora practica dibujando este carácter en estas casillas más pequeñas.

コ コ **ko**

HABLA — Se pronuncia como la 'co' de 'comida'.

APRENDE — Este kana se dibuja con dos trazos: ambos son stop strokes.

El primer trazo es una línea horizontal que para y gira hacia debajo de una manera muy brusca. El segundo trazo es otra línea horizontal que va de izquierda a derecha y que debería pasar por el final del anterior sin atravesarlo antes de terminar. Las dos líneas horizontales deberían ser paralelas y de la misma longitud.

ESCRIBE — En primer lugar, traza el carácter en las casillas que aparecen a continuación.

PRACTICA — Ahora practica dibujando este carácter en estas casillas más pequeñas.

サ サ **sa**

HABLA — Se pronuncia como la 'sa' de 'salida'.

APRENDE — Este kana se dibuja con tres trazos: stop stroke, stop stroke, fade stroke.

Empieza este kana con una línea horizontal larga. La segunda línea atraviesa a la primera aproximadamente a un tercio de la izquierda, y se dibuja hacia abajo. El tercer trazo es una línea curvada más larga que atraviesa a la primera, aproximadamente a un tercio de la parte derecha. Empieza como una línea vertical hasta antes del cruce, pero se curva hacia la izquierda después de atravesar a la primera línea.

ESCRIBE — En primer lugar, traza el carácter en las casillas que aparecen a continuación.

PRACTICA — Ahora practica dibujando este carácter en estas casillas más pequeñas.

シ シ **shi**

HABLA — Se pronuncia como la 'shi', de 'sushi'. *No es un sonido común en español, pero se asemeja al sonido 'shhh' que usamos para pedir silencio seguido de una i.*

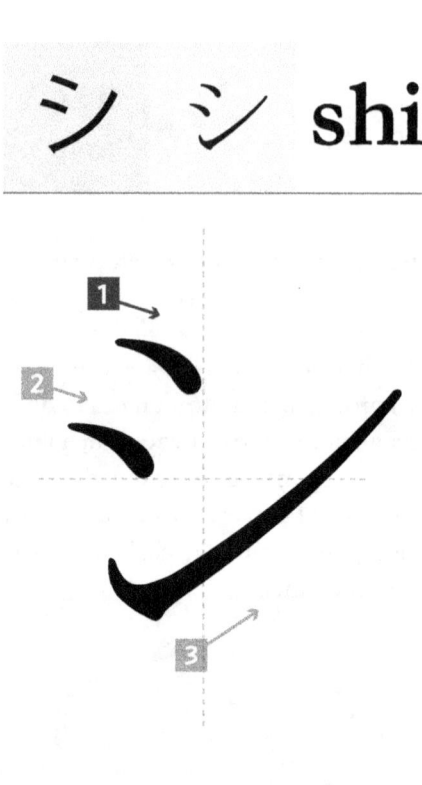

APRENDE — Dibuja este kana con tres trazos: stop strokes, stop stroke, fade stroke.

Tanto el primer como el segundo trazo son líneas cortas que no se desvanecen al final, dibujadas en paralelo y un poco inclinadas hacia abajo. El tercer trazo empieza en la zona inferior izquierda de la casilla, debajo de los primeros trazos, y se curva hacia arriba y a la derecha. Deberías prestar especial atención al espacio que hay entre los tres trazos y al punto desde el que empiezan. Veremos algunos caracteres muy parecidos a este en las próximas páginas.

ESCRIBE — En primer lugar, traza el carácter en las casillas que aparecen a continuación.

PRACTICA — Ahora practica dibujando este carácter en estas casillas más pequeñas.

ス ス **su**

HABLA — Se pronuncia como la 'su' de 'subir'.

APRENDE — Este kana tiene dos trazos: fade stroke, stop stroke.

Este carácter empieza con un trazo que ya hemos realizado en algún kana anterior. Comienza con una línea horizontal de izquierda a derecha antes de girar abruptamente y convertirse en una curva que se desliza hacia abajo y de vuelta a la izquierda hasta desvanecerse con un movimiento suave del lápiz. La segunda línea es un trazo relativamente corto que no se desvanece como el anterior y empieza aproximadamente en la mitad de la curva del trazo anterior.

ESCRIBE — En primer lugar, traza el carácter en las casillas que aparecen a continuación.

PRACTICA — Ahora practica dibujando este carácter en estas casillas más pequeñas.

セ セ **se**

HABLA — Se pronuncia como la 'se' de 'semana'.

APRENDE — Este kana se dibuja con dos trazos: fade stroke, stop stroke.

Empieza el primer trazo con una línea relativamente larga e inclinada de izquierda a derecha. A medida que te acerques al lado derecho, la línea gira hacia abajo y a la izquierda – pero no de una manera tan brusca como en otros kana. La segunda línea empieza como un trazo vertical recto que se desliza desde la parte superior de la casilla y luego gira hacia la derecha cuando se acerca al final de la casilla.

ESCRIBE — En primer lugar, traza el carácter en las casillas que aparecen a continuación.

PRACTICA — Ahora practica dibujando este carácter en estas casillas más pequeñas.

ソ ソ **so**

HABLA — Se pronuncia como la 'so' de 'sonido'.

APRENDE — Este kana se crea con dos trazos: stop stroke, fade stroke.

Empieza en la parte superior izquierda de la casilla con un trazo corto e inclinado, que no se desvanece al separar el lápiz del papel. Esta marca debería hacerse con un ángulo inclinado, pero se parece mucho a una línea diagonal. Una vez más, el segundo trazo se realiza con una curva larga que se desvanece a medida que se acerca a la parte inferior izquierda de la casilla. El punto de inicio de esta segunda línea debería estar a una altura similar al de la primera línea.

ESCRIBE — En primer lugar, traza el carácter en las casillas que aparecen a continuación.

PRACTICA — Ahora practica dibujando este carácter en estas casillas más pequeñas.

81

タ タ **ta**

| HABLA | Se pronuncia como la 'ta' de 'taza'. |

| APRENDE | Este kana se dibuja con tres trazos: fade, fade, stop stroke. |

Este es otro de los kana que presentan algunas formas que ahora nos resultan familiar. De manera parecida a ク y ケ, el primer trazo de este carácter es una curva diagonal que se va desvaneciendo desde la parte superior central hasta la parte inferior izquierda de la casilla. El segundo trazo empieza con una línea horizontal que tiene el mismo punto de inicio que la anterior, y gira hacia abajo y a la izquierda formando una curva. El último trazo es una línea corta y diagonal que comienza en el centro del primer trazo y atraviesa al segundo trazo por la mitad.

ESCRIBE — En primer lugar, traza el carácter en las casillas que aparecen a continuación.

PRACTICA — Ahora practica dibujando este carácter en estas casillas más pequeñas.

チ チ chi

HABLA — Se pronuncia como la 'chi' de 'chiste'.

APRENDE — Este kana se dibuja con tres trazos: fade stroke, stop stroke, fade stroke.

La primera línea es una curva corta que comienza en la parte superior derecha y se va desvaneciendo mientras se desliza hacia abajo y ligeramente a la izquierda. El segundo trazo es una línea horizontal larga que no se desvanece. El tercer trazo debería empezar en el centro de la primera curva y atraviesa a la segunda línea antes de curvarse hacia abajo y a la izquierda. ¡Asegúrate de que tu segunda línea sea más amplia que la primera y sobresalga por ambos lados!

ESCRIBE — En primer lugar, traza el carácter en las casillas que aparecen a continuación.

PRACTICA — Ahora practica dibujando este carácter en estas casillas más pequeñas.

ツ ツ tsu

HABLA — Se pronuncia como la 'tsu' de 'tsunami'.

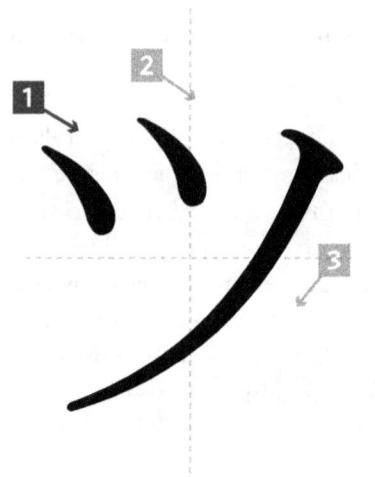

APRENDE — Este kana tiene tres trazos: dos stop strokes y un fade stroke.

Este carácter se parece al Katakana シ y, de manera similar a éste, sus dos primeros trazos se dibujan como dos líneas paralelas e inclinadas. La tercera línea es una curva amplia que comienza en la zona superior derecha y se va desvaneciendo mientras se desliza hacia la parte inferior izquierda de la casilla. Al igual que ocurre con el Katakana シ, presta atención al espacio de los puntos de inicio de cada trazo.

ESCRIBE — En primer lugar, traza el carácter en las casillas que aparecen a continuación.

PRACTICA — Ahora practica dibujando este carácter en estas casillas más pequeñas.

テ テ **te**

HABLA	Se pronuncia como la 'te' de 'tenedor'.

APRENDE	Este kana se dibuja con tres trazos: stop stroke, stop stroke, fade stroke.

Este kana empieza con dos trazos paralelos, formando líneas horizontales de izquierda a derecha. Asegúrate de que la segunda línea sea más larga que la primera. El tercer trazo es una línea diagonal, curvada y más corta que la anterior que se desliza hacia la zona inferior izquierda de la casilla. Además, comienza en el centro del segundo trazo.

ESCRIBE — En primer lugar, traza el carácter en las casillas que aparecen a continuación.

PRACTICA — Ahora practica dibujando este carácter en estas casillas más pequeñas.

| HABLA | Se pronuncia con la 'to' de 'todo'. |

| APRENDE | Este kana se crea con dos trazos: stop stroke, stop stroke. |

Dibuja una línea vertical larga que empieza cerca de la parte superior de la casilla, y se desliza hacia abajo ligeramente a la izquierda de la línea central vertical. Termina cerca del final de la casilla sin ningún movimiento ni giro gentil del lápiz. La segunda línea es una marca mucho más corta que tampoco se desvanece. Para dibujarla, comenzamos arriba del centro de la casilla y la deslizamos hacia abajo y a la derecha formando una línea diagonal.

ESCRIBE — En primer lugar, traza el carácter en las casillas que aparecen a continuación.

PRACTICA — Ahora practica dibujando este carácter en estas casillas más pequeñas.

ナ ナ **na**

HABLA — Se pronuncia como la 'na' de 'nada'.

APRENDE — Este kana tiene dos trazos: stop stroke, fade stroke.

Empieza con un trazo horizontal relativamente largo cerca de la línea central horizontal de la casilla. La segunda línea comienza cerca de la parte superior, en el centro, y se desliza hacia abajo atravesando el primer trazo. Empieza como una línea vertical y se curva hacia la parte inferior izquierda de la casilla después de atravesar al otro trazo.

ESCRIBE — En primer lugar, traza el carácter en las casillas que aparecen a continuación.

PRACTICA — Ahora practica dibujando este carácter en estas casillas más pequeñas.

| ニ　ニ　**ni** | HABLA | Se pronuncia como la 'ni' de 'nido'. |

APRENDE Este kana tiene dos trazos: ambos son stop strokes.

Se trata de uno de los símbolos de Katakana más sencillos, dibujamos el kana ニ con dos líneas paralelas. Cada una de ellas se mueve horizontalmente, y un poco inclinadas, de izquierda a derecha. El segundo trazo debería ser más largo que el primero, sobresaliendo por ambos lados.

ESCRIBE En primer lugar, traza el carácter en las casillas que aparecen a continuación.

PRACTICA Ahora practica dibujando este carácter en estas casillas más pequeñas.

ヌ ヌ **nu**

HABLA Se pronuncia como la 'nu' de 'nube'.

APRENDE Se dibuja con dos trazos: fade stroke, stop stroke.

El primer trazo comienza con una línea horizontal un poco inclinada hacia arriba que se desliza de izquierda a derecha. Sin levantar el lápiz, gira de manera brusca hacia abajo creando una curva amplia. El lápiz debe levantarse suavemente del papel a medida que se acerque a la parte inferior izquierda de la casilla. La segunda línea es una curva más corta que, a diferencia de la anterior, no se desvanece. Empieza debajo del punto de inicio de la primera y atraviesa por la mitad a la curva que acabas de hacer.

ESCRIBE En primer lugar, traza el carácter en las casillas que aparecen a continuación.

PRACTICA Ahora practica dibujando este carácter en estas casillas más pequeñas.

ネ ネ **ne**

HABLA   Se pronuncia como la 'ne' de 'negocio'.

APRENDE   Este kana tiene cuatro trazos: stop, fade, stop, stop stroke.

Empieza dibujando una línea pequeña e inclinada en la parte superior central de la casilla. El segundo trazo comienza con una línea horizontal antes de girar abruptamente formando una curva que se desvanece a medida que se aproxima a la parte inferior izquierda. El tercer trazo es una línea vertical cuyo punto de inicio se encuentra en la mitad de la curva que acabas de dibujar con la línea anterior. El último trazo es una línea diagonal corta que debería ser aproximadamente de la misma longitud que la parte final de la curva larga.

ESCRIBE   En primer lugar, traza el carácter en las casillas que aparecen a continuación.

PRACTICA   Ahora practica dibujando este carácter en estas casillas más pequeñas.

ノ no

HABLA	Se pronuncia como la 'no' de 'noche'.
APRENDE	Este kana se escribe con un trazo: fade stroke.

Es muy probable que este sea el Katakana más simple, ya que consiste en un único trazo que forma una curva. Empieza en la parte superior derecha y se desliza hacia abajo hasta desvanecerse en la parte inferior izquierda. Presta atención al posicionamiento de este kana.

ESCRIBE — En primer lugar, traza el carácter en las casillas que aparecen a continuación.

PRACTICA — Ahora practica dibujando este carácter en estas casillas más pequeñas.

91

ハ ハ ha

HABLA — Se pronuncia como la 'ja' de 'jamón'.

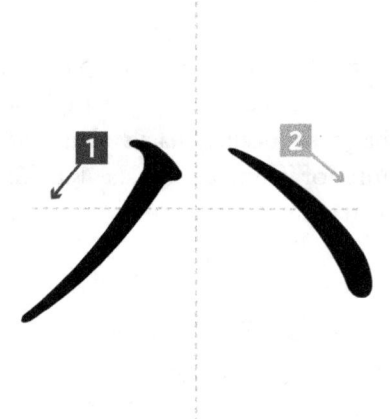

APRENDE — Dibuja este kana con dos trazos: fade stroke, stop stroke.

El primer trazo es una línea diagonal curvada que empieza a la izquierda de la línea central de la casilla y se desplaza hacia abajo y a la izquierda levantando el lápiz suavemente. La segunda línea es casi una imagen espejo de la primera, pero termina sin desvanecerse en la zona inferior derecha. El punto de inicio de ambos trazos debería tener un espacio en medio y se posicionan un poco alejados de la línea central vertical.

ESCRIBE — En primer lugar, traza el carácter en las casillas que aparecen a continuación.

PRACTICA — Ahora practica dibujando este carácter en estas casillas más pequeñas.

ヒ　ヒ　hi

HABLA Se pronuncia como la 'ji' de 'jirafa'.

APRENDE Este kana se dibuja con dos trazos: ambos son stop strokes.

Haz el primer trazo como una línea ligeramente inclinada de izquierda a derecha. La segunda línea empieza en la parte superior izquierda de la casilla y se mueve verticalmente hacia abajo, pasando por el inicio de la primera línea sin atravesarla. A medida que el lápiz se acerque a la zona inferior de la casilla, gira suavemente hacia la derecha – en este kana, a diferencia de otros, no se forma un ángulo de esquina afilado. El segundo trazo debería terminar debajo de donde acaba el primero.

ESCRIBE En primer lugar, traza el carácter en las casillas que aparecen a continuación.

PRACTICA Ahora practica dibujando este carácter en estas casillas más pequeñas.

フ フ fu

HABLA — Se pronuncia como la 'fu' de 'fuego', pero la 'f' es suave, es un sonido que se asemeja más al de una 'h' aspirada.

APRENDE — Se dibuja con un solo trazo: fade stroke.

Este kana se ha dibujado como parte de caracteres anteriores en este libro. Con una forma similar a la del número 7, empieza dibujando una línea horizontal un poco inclinada. Cuando el lápiz se acerque al margen derecho de la casilla, haz que gire de manera brusca. Mantén el lápiz en el papel mientras continúas trazando una curva larga que se desvanece hacia abajo, hacia la parte inferior izquierda de la casilla.

ESCRIBE — En primer lugar, traza el carácter en las casillas que aparecen a continuación.

PRACTICA — Ahora practica dibujando este carácter en estas casillas más pequeñas.

∧ ∧ **he**

HABLA Se pronuncia como la 'je' de 'jefe'.

APRENDE Este kana se hace con un solo trazo: stop stroke.

Este kana de un solo trazo empieza en la parte central de la izquierda de la casilla. Desliza el lápiz diagonalmente hacia arriba y a la derecha, pero, antes de que alcances la línea central vertical, vuelve a girar hacia abajo y haz una línea diagonal más larga que la anterior hasta la parte inferior derecha. Asegúrate de que la 'cima' del trazo esté posicionada a la izquierda de la línea central.

ESCRIBE En primer lugar, traza el carácter en las casillas que aparecen a continuación.

PRACTICA Ahora practica dibujando este carácter en estas casillas más pequeñas.

ホ ホ **ho**

HABLA — Se pronuncia como la 'jo' de 'joya'.

APRENDE — Este kana tiene cuatro trazos: stop stroke, jump fade, stop stroke, stop stroke.

El primer trazo es una línea horizontal que va de izquierda a derecha. El segundo trazo es una línea vertical que atraviesa al primero justo por encima de la línea central horizontal de la casilla. Termina con un hane levantando rápido el lápiz del papel. Los dos últimos trazos se hacen igual que el kana ハ, formando una imagen espejo. No deberían estar pegados a ninguna de las otras líneas.

ESCRIBE — En primer lugar, traza el carácter en las casillas que aparecen a continuación.

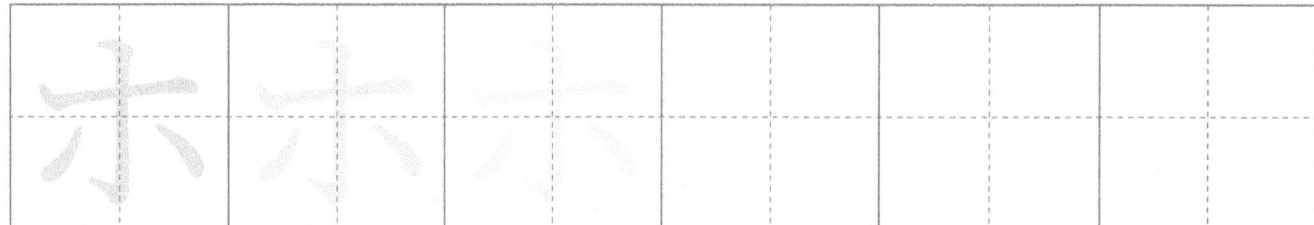

PRACTICA — Ahora practica dibujando este carácter en estas casillas más pequeñas.

HABLA	Se pronuncia como la 'ma' de 'mamá'.
APRENDE	Se dibuja con dos trazos: fade stroke, stop stroke.

Empezando con un primer trazo que ya nos resulta familiar, desliza el lápiz a través de la casilla formando una línea horizontal. Sin levantar el lápiz, gira bruscamente hacia atrás y hacia abajo, a la izquierda, creando una curva más corta que la línea anterior hasta desvanecerse casi en la línea central vertical de la casilla. El segundo trazo es una línea relativamente corta, realizada inclinada hacia abajo y hacia la derecha. ¡Presta atención para no confundir este carácter con el kana ア que aprendimos al principio!

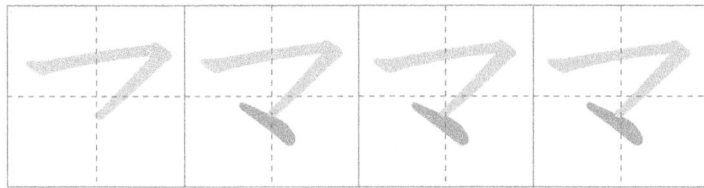

ESCRIBE — En primer lugar, traza el carácter en las casillas que aparecen a continuación.

PRACTICA — Ahora practica dibujando este carácter en estas casillas más pequeñas.

HABLA   Se pronuncia como la 'mi' de 'minuto'.

APRENDE   Se dibuja con tres trazos: todos son stop stroke.

Este kana es relativamente sencillo, pues consiste en tres líneas cortas y paralelas. Cada una de ellas se dibuja un poco inclinada, quitando el lápiz del papel cuando lo deslices de izquierda a derecha. El tercer trazo es un poco más largo que los otros dos, y su punto de inicio de inicio está un poco más a la derecha.

ESCRIBE   En primer lugar, traza el carácter en las casillas que aparecen a continuación.

PRACTICA   Ahora practica dibujando este carácter en estas casillas más pequeñas.

ム ム **mu**

HABLA　Se pronuncia como la 'mu' de 'mucho'.

APRENDE　Dibuja este kana con dos trazos: stop stroke, stop stroke.

Parece que este kana tiene tres trazos diferentes, pero en realidad son solo dos trazos, ya que el primero crea una especie de línea en forma de L. Empieza con una línea recta que se dibuja diagonalmente hacia abajo, desde la parte superior central hasta la parte inferior izquierda. Sin levantar el lápiz del papel, gira de manera brusca a la derecha. Desliza el lápiz por el papel formando un ángulo más estrecho y termina sin desvanecer la línea. El segundo trazo es una línea diagonal corta que tampoco se desvanece y que debería tocar el final del primer trazo a medida que desciende.

ESCRIBE　En primer lugar, traza el carácter en las casillas que aparecen a continuación.

PRACTICA　Ahora practica dibujando este carácter en estas casillas más pequeñas.

99

メ メ **me**

HABLA   Se pronuncia como la 'me' de 'mesa'.

APRENDE   Este kana se dibuja con dos trazos: fade stroke, stop stroke.

El primer trazo es una línea curva relativamente larga, que se desliza desde la parte superior derecha de la casilla hasta la parte inferior izquierda. Esta línea debería terminar desvaneciéndose con un movimiento gentil del lápiz. La segunda línea diagonal es una curva más corta que atraviesa el centro de la primera y, a diferencia de ésta, termina sin desvanecerse.

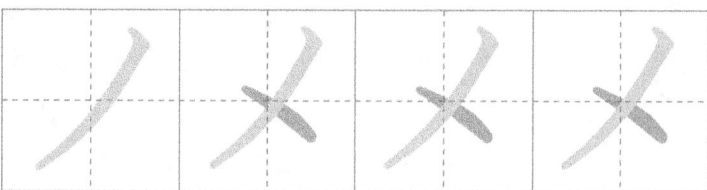

ESCRIBE   En primer lugar, traza el carácter en las casillas que aparecen a continuación.

PRACTICA   Ahora practica dibujando este carácter en estas casillas más pequeñas.

100

モ モ **mo**

HABLA — Se pronuncia como la 'mo' de 'moneda'.

APRENDE — Este kana tiene tres trazos: todos son stop strokes.

Para escribir este kana, comienza dibujando los dos primeros trazos como líneas horizontales. El segundo debería ser un poco más largo que el primero. El tercer trazo empieza aproximadamente en el centro de la primera línea y se dibuja como una línea vertical hacia abajo. Atraviesa la segunda línea y, a medida que el lápiz se acerque a la parte inferior de la casilla, gira suavemente el trazo hacia la derecha, avanza un poco, y para.

ESCRIBE — En primer lugar, traza el carácter en las casillas que aparecen a continuación.

PRACTICA — Ahora practica dibujando este carácter en estas casillas más pequeñas.

ヤ ヤ **ya**

| HABLA | Se pronuncia como la 'lla' de 'llave' |

| APRENDE | Dibuja este kana con dos trazos: fade stroke, stop stroke. |

Para dibujar este kana, empezamos con una línea recta de izquierda a derecha con una leve inclinación hacia arriba. Cuando nos acerquemos al margen derecho de la casilla, giramos bruscamente hacia abajo y de nuevo hacia el centro levantando suavemente el lápiz del papel. El segundo trazo es una línea diagonal larga que empieza en la parte superior izquierda de la casilla, más cerca del centro que del lateral, y atraviesa al primer trazo a un tercio del principio más o menos.

ESCRIBE   En primer lugar, traza el carácter en las casillas que aparecen a continuación.

PRACTICA   Ahora practica dibujando este carácter en estas casillas más pequeñas.

ユ ユ yu

HABLA — Se pronuncia como la 'llu' de 'lluvia'.

APRENDE — Este kana se dibuja con dos trazos: ambos son stop strokes.

El primer trazo empieza como una línea horizontal corta que luego gira hacia abajo y se para. La segunda línea empieza más a la izquierda que la primera y por debajo de la línea central horizontal de la casilla. Es una línea horizontal más larga que la primera que debe pasar por el final del primer trazo sin atravesarlo. Para no confundir este símbolo con el katakana コ, asegúrate de extender el segundo trazo más para que sobresalga por ambos lados.

ESCRIBE — En primer lugar, traza el carácter en las casillas que aparecen a continuación.

PRACTICA — Ahora practica dibujando este carácter en estas casillas más pequeñas.

ヨ ヨ yo

HABLA — Se pronuncia como la 'llo' de 'llorar'.

APRENDE — Este kana se dibuja con tres trazos: todos son stop strokes.

Este kana parece una letra E invertida y, de manera similar al carácter anterior, empieza con una línea horizontal que gira y pasa a ser una línea vertical en la parte derecha de la casilla. El segundo trazo es una línea un poco más corta que se dibuja a través de la línea central horizontal de la casilla hasta encontrarse con el centro de la línea vertical del primer trazo. Por último, el tercer trazo es una línea un poco más larga que la anterior, que va de izquierda a derecha hasta encontrarse con el final del primer trazo en la parte inferior derecha de la casilla.

ESCRIBE — En primer lugar, traza el carácter en las casillas que aparecen a continuación.

PRACTICA — Ahora practica dibujando este carácter en estas casillas más pequeñas.

ラ ラ **ra**

HABLA	Se pronuncia como la 'ra' de 'pera'.
APRENDE	Este kana se dibuja con dos trazos: stop stroke, fade stroke.

Empieza dibujando en la parte superior de la casilla una línea horizontal corta que no se desvanece. El segundo trazo tiene forma de número 7, y comienza con una línea horizontal, más larga que la anterior, paralela a la primera. Luego pasa a formar una línea curva diagonal larga. Levanta el lápiz suavemente cuando te aproximes a la parte central inferior de la casilla para desvanecer el trazo.

ESCRIBE — En primer lugar, traza el carácter en las casillas que aparecen a continuación.

PRACTICA — Ahora practica dibujando este carácter en estas casillas más pequeñas.

リ リ ri

HABLA — Se pronuncia como la 'ri' en 'herida'.

APRENDE — Este kana se dibuja con dos trazos: stop stroke, fade stroke.

Este es otro de los símbolos de Katakana que se parecen visualmente a sus correspondientes caracteres de Hiragana. El primer trazo es una línea vertical recta que empieza en la parte superior izquierda y se desliza hacia abajo hasta parar, sin desvanecerse, un poco después de pasar la línea central horizontal. La segunda línea empieza a una altura similar a la del primer trazo y se dibuja recta hasta la línea central horizontal de la casilla, luego se curva hacia la parte inferior izquierda de la casilla – este trazo termina desvaneciéndose con un movimiento gentil del lápiz.

ESCRIBE — En primer lugar, traza el carácter en las casillas que aparecen a continuación.

PRACTICA — Ahora practica dibujando este carácter en estas casillas más pequeñas.

ル ル **ru**

HABLA
Se pronuncia como la 'ru' en 'oruga'.

APRENDE
Este kana se dibuja con dos trazos: ambos son fade strokes.

Empieza con una línea curva en la parte superior izquierda hasta la zona inferior izquierda y termina desvaneciéndola. El segundo trazo comienza como una línea vertical recta en un punto un poco más alto que el primero, justo a la derecha de la línea central vertical de la casilla. A medida que el lápiz se acerque a la zona inferior, gira bruscamente a la derecha y hacia arriba formando una ligera curva que se desvanece al final.

ESCRIBE
En primer lugar, traza el carácter en las casillas que aparecen a continuación.

PRACTICA
Ahora practica dibujando este carácter en estas casillas más pequeñas.

レ レ **re**

HABLA — Se pronuncia como la 're' en 'pared'.

APRENDE — Se dibuja con un solo trazo: fade stroke.

Este kana es prácticamente igual que el segundo trazo del símbolo de Katakana anterior, ル, con la excepción de que es más amplio, está situado en la parte central de la casilla, y la curva final que se desvanece es más larga.

ESCRIBE — En primer lugar, traza el carácter en las casillas que aparecen a continuación.

PRACTICA — Ahora practica dibujando este carácter en estas casillas más pequeñas.

ロ ro

HABLA — Se pronuncia como la 'ro' en 'oro'.

APRENDE — Este kana se dibuja con tres trazos: todos son stop strokes.

Haz el primer trazo como una línea vertical en la mitad izquierda de la casilla. El segundo trazo empieza en el mismo punto que el primero y se dibuja horizontalmente hacia la derecha antes de girar y bajar como una línea recta vertical. El último trazo es otra línea horizontal recta que empieza al final del primer trazo. Termina sin desvanecer la línea cuando ésta se encuentre con el final del segundo trazo. Este carácter con forma de caja estará situado sobre todo en la zona central baja de la casilla.

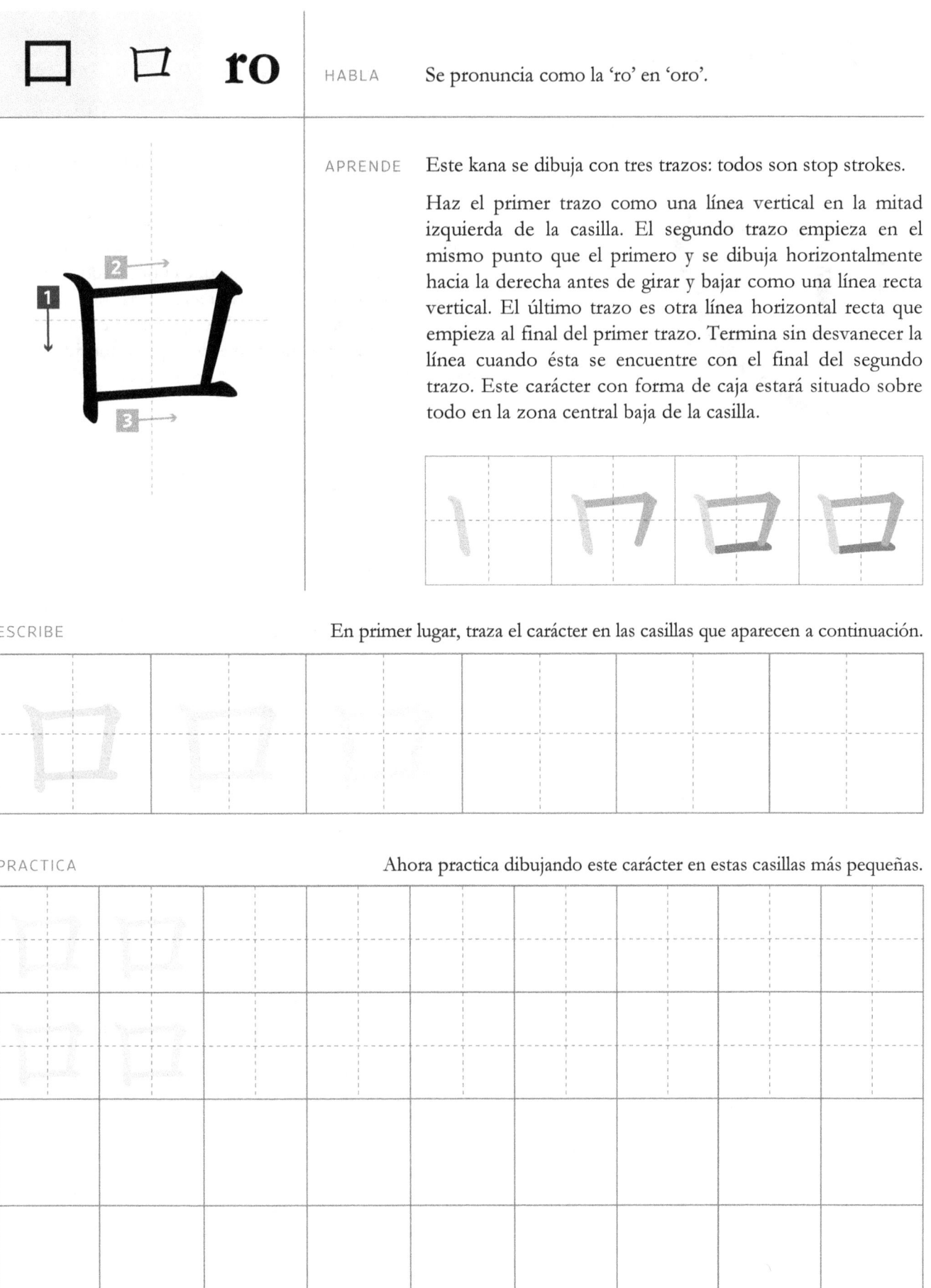

ESCRIBE — En primer lugar, traza el carácter en las casillas que aparecen a continuación.

PRACTICA — Ahora practica dibujando este carácter en estas casillas más pequeñas.

ワ ワ **wa**

HABLA   Se pronuncia como la 'gua' de 'guante'.

APRENDE   Este kana se dibuja con dos trazos: stop stroke, fade stroke.

Para no confundir este kana con el Katakana ク, es importante que el primer trazo sea una línea vertical recta. El segundo trazo empieza en el mismo lugar que el primero y se mueve hacia la derecha en una línea recta horizontal antes de convertirse en una línea curva diagonal. Desvanece este trazo con un movimiento suave del lápiz a medida que se acerque a la parte central inferior de la casilla.

ESCRIBE   En primer lugar, traza el carácter en las casillas que aparecen a continuación.

PRACTICA   Ahora practica dibujando este carácter en estas casillas más pequeñas.

ヲ ヲ wo*

HABLA — Se pronuncia como la 'o' en 'oso'. La 'w' es muda, no se pronuncia.

APRENDE — Se dibuja con tres trazos: un fade stroke y dos stop strokes.

El penúltimo kana comienza con dos trazos horizontales en la zona superior de la casilla. Son líneas paralelas, y la segunda es un poco más corta que la primera. El tercer trazo es una curva larga y amplia que empieza al final del primer trazo. Debería pasar por el final del segundo trazo y desvanecerse con un movimiento gentil del lápiz en la zona inferior izquierda de la casilla.

Kana non comune usato come particella.

ESCRIBE — En primer lugar, traza el carácter en las casillas que aparecen a continuación.

PRACTICA — Ahora practica dibujando este carácter en estas casillas más pequeñas.

ン ン n

HABLA — Se pronuncia simplemente como una 'n', como en la palabra 'Noruega'.

APRENDE — Este kana se dibuja con dos trazos: stop stroke, fade stroke.

ン, el último Katakana básico que vamos a ver, se confunde fácilmente con ソ, así que es de vital importancia que este carácter se dibuje más amplio en su totalidad. El primer tazo es una línea inclinada un poco corta. El segundo trazo es una línea curva más amplia que se desliza diagonalmente desde la parte inferior izquierda de la casilla hacia arriba hasta la zona superior derecha, y, a diferencia del trazo anterior, termina desvaneciéndose con un movimiento suave del lápiz.

ESCRIBE — En primer lugar, traza el carácter en las casillas que aparecen a continuación.

PRACTICA — Ahora practica dibujando este carácter en estas casillas más pequeñas.

Parte 6

GENKOUYOUSHI

PAPEL CON CUADRÍCULAS PARA SEGUIR PRACTICANDO

Parte 7

FLASH CARDS

DA FOTOCOPIARE OPPURE RITAGLIARE E MANTENERE

あ	や	か
い	ゆ	こ
う	き	よ
え	け	し

a

Se pronuncia como la 'a' de 'abuelo'.

i

Se pronuncia como la 'i' de 'invierno'.

u

Se pronuncia como la 'u' de 'uno'.

e

Se pronuncia como la 'e' de 'elefante'.

o

Se pronuncia como la 'o' de 'oreja'.

ka

Se pronuncia como la sílaba 'ca' de 'casa'.

ki

Se pronuncia como la 'ki' de 'kilo'.

ku

Se pronuncia como la 'cu' de 'cuna'.

ke

Se pronuncia como la 'que' de 'queso'.

ko

Se pronuncia como la 'co' de 'comida'.

sa

Se pronuncia como la 'sa' de 'salida'.

shi

Se pronuncia como la 'shi' de 'sushi'.

あ	ち	な
や	つ	に
ぬ	と	ぬ
た	て	め

su

Se pronuncia como la 'su' de 'subir'.

chi

Se pronuncia como la 'chi' de 'chiste'.

na

Se pronuncia como la 'na' de 'nada'.

se

Se pronuncia como la 'se' de 'semana'.

tsu

Se pronuncia como la 'tsu' de 'tsunami'.

ni

Se pronuncia como la 'ni' de 'nido'.

so
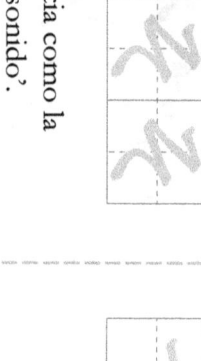
Se pronuncia como la 'so' de 'sonido'.

te

Se pronuncia como la 'te' de 'tenedor'.

nu

Se pronuncia como la 'nu' de 'nube'.

ta
Se pronuncia como la 'ta' de 'taza'.

to

Se pronuncia con la 'to' de 'todo'.

ne

Se pronuncia como la 'ne' de 'negocio'.

no

Se pronuncia como la 'no' de 'noche'.

he

Se pronuncia como la 'je' de 'jefe'.

mu

Se pronuncia como la 'mu' de 'mucho'.

ha

Se pronuncia como la 'ja' de 'jamón'.

ho

Se pronuncia como la 'jo' de 'joya'.

me

Se pronuncia como la 'me' de 'mesa'.

hi

Se pronuncia como la 'ji' de 'jirafa'.

ma

Se pronuncia como la 'ma' de 'mamá'.

mo

Se pronuncia como la 'mo' de 'moneda'.

fu

Se pronuncia como la 'fu' de 'fuego', pero la 'f' es suave.

mi

Se pronuncia como la 'mi' de 'minuto'.

ya

Se pronuncia como la 'lla' de 'llave'

め	ふ	せ
す	ぬ	ん
れ	ち	
り	た	

yu

Se pronuncia como la 'llu' de 'lluvia'.

yo

Se pronuncia como la 'llo' de 'llorar'.

re

Se pronuncia como la 're' en 'pared'.

ri

Se pronuncia como la 'ri' en 'herida'.

ra

Se pronuncia como la 'ra' de 'pera'.

ru

Se pronuncia como la 'ru' en 'oruga'.

ro

Se pronuncia como la 'ro' en 'oro'.

wa

Se pronuncia como la 'gua' de 'guante'.

wo

Se pronuncia como la 'o' en 'oso'. La 'w' es muda, no se pronuncia.

n*

Se pronuncia simplemente como una 'n', como en la palabra 'Noruega'.

a

Se pronuncia como la 'a' de 'abuelo'.

i

Se pronuncia como la 'i' de 'invierno'.

o

Se pronuncia como la 'o' de 'oreja'.

ka

Se pronuncia como la sílaba 'ca' de 'casa'.

u

Se pronuncia como la 'u' de 'uno'.

ki

Se pronuncia como la 'ki' de 'kilo'.

e

Se pronuncia como la 'e' de 'elefante'.

ku

Se pronuncia como la 'cu' de 'cuna'.

ke

Se pronuncia como la 'que' de 'queso'.

ko

Se pronuncia como la 'co' de 'comida'.

sa

Se pronuncia como la 'sa' de 'salida'.

shi

Se pronuncia como la 'shi' de 'sushi'.

ス	オ	才
せ	ツ	リ
ノ	忄	又
丹	丁	不

su

Se pronuncia como la 'su' de 'subir'.

se

Se pronuncia como la 'se' de 'semana'.

so

Se pronuncia como la 'so' de 'sonido'.

ta

Se pronuncia como la 'ta' de 'taza'.

chi

Se pronuncia como la 'chi' de 'chiste'.

tsu

Se pronuncia como la 'tsu' de 'tsunami'.

te

Se pronuncia como la 'te' de 'tenedor'.

to

Se pronuncia con la 'to' de 'todo'.

na

Se pronuncia como la 'na' de 'nada'.

ni

Se pronuncia como la 'ni' de 'nido'.

nu

Se pronuncia como la 'nu' de 'nube'.

ne

Se pronuncia como la 'ne' de 'negocio'.

no

Se pronuncia como la 'no' de 'noche'.

he

Se pronuncia como la 'je' de 'jefe'.

mu

Se pronuncia como la 'mu' de 'mucho'.

ha

Se pronuncia como la 'ja' de 'jamón'.

ho

Se pronuncia como la 'jo' de 'joya'.

me

Se pronuncia como la 'me' de 'mesa'.

hi

Se pronuncia como la 'ji' de 'jirafa'.

ma

Se pronuncia como la 'ma' de 'mamá'.

mo

Se pronuncia como la 'mo' de 'moneda'.

fu

Se pronuncia como la 'fu' de 'fuego', pero la 'f' es suave.

mi

Se pronuncia como la 'mi' de 'minuto'.

ya

Se pronuncia como la 'lla' de 'llave'.

yu

Se pronuncia como la 'llu' de 'lluvia'.

yo
Se pronuncia como la 'llo' de 'llorar'.

re
Se pronuncia como la 're' en 'pared'.

ri
Se pronuncia como la 'ri' en 'herida'.

ra

Se pronuncia como la 'ra' de 'pera'.

ru
Se pronuncia como la 'ru' en 'oruga'.

ro

Se pronuncia como la 'ro' en 'oro'.

wa
Se pronuncia como la 'gua' de 'guante'.

wo

Se pronuncia como la 'o' en 'oso'. La 'w' es muda, no se pronuncia.

n*

Se pronuncia simplemente como una 'n', como en la palabra 'Noruega'.

ありがとう
arigatou

¡Gracias!

¡Gracias por elegir nuestro libro!

Ahora ya estás en buen camino para aprender a leer, escribir y hablar japonés, y esperamos que hayas disfrutado de nuestro cuaderno de ejercicios de Hiragana y Katakana.

¡Si te lo has pasado bien aprendiendo con nosotros, nos gustaría mucho que nos dejaras un comentario para saber cuánto has progresado!

Siempre estamos encantados de saber si hay algo que podamos hacer para mejorar nuestros libros parar los futuros estudiantes. Nos comprometemos a preparar el mejor contenido posible para aprender un idioma, así que, por favor, contacta con nosotros por correo electrónico si tienes algún problema con algún contenido de este libro:

hello@polyscholar.com

POLYSCHOLAR

www.polyscholar.com

© Copyright 2020 George Tanaka - Todos los Derechos Reservados.

Nota legal: Este libro está protegido por los derechos de autor. Este libro es solo para uso personal. El contenido incluido dentro de este libro no debe ser reproducido, duplicado, o transmitido sin el permiso directo escrito por el autor o la editorial. Usted no puede modificar, distribuir, vender, usar, mencionar o parafrasear cualquier parte del contenido de este libro sin el consentimiento del autor o de la editorial.

www.ingramcontent.com/pod-product-compliance
Lightning Source LLC
Chambersburg PA
CBHW081334080526
44588CB00017B/2619